Für eine Straßenbenennung in Düsseldorf nach Paul Tarnow –

Gründe und Hintergründe

Zusammengestellt und geschrieben von Hans Bernd Jerzimbeck

Die beiden Aufsätze sind:

Bekenntnis zur Weltoffenheit und Menschenfreundlichkeit. Zur Erinnerung an den Esperantisten Paul Tarnow (1881-1944), Ashauer-Jerzimbeck, H. B.; in: „Düsseldorfer Jahrbuch 85" 2015, 271-289.

Kolektanto, kiu spitis la naziojn, derselbe; https://mondmilito.hypotheses.org/3487, 27.02.2020.

Bibliografische Information der Deutschen Nationalbibliothek: Die Deutsche National-
bibliothek verzeichnet diese Publikation der Deutschen Nationalbiobliografie; detail-
lierte bibliografische Daten sind im Internet über dnd.dnd.de abrufbar.

1. Auflage: November 2021

Herstellung und Verlag: BoD – Books on Demand, Norderstedt

ISDN: 9783755741725

Inhalt

1 Vorwort

Im April 2003 wurde der Düsseldorfer Stadtverwaltung die Benennung einer Düsseldorfer Straße nach Paul Tarnow durch den Autor dieser Broschüre vorgeschlagen. Die „Esperanto-Gemeinschaft Düsseldorf" war auf diesen Düsseldorfer Esperantisten erneut aufmerksam geworden, weil sie in ihrer Mitte verfolgen konnte, wie das Buch des Ehepaars Edeltraud und Hans-Jürgen Mattusch über Esperanto in Düsseldorf[1] entstand. Dafür wurden die Gestapo-Akte von Paul Tarnow und einige mündliche Quellen erstmalig ausgewertet.

Das besondere Schicksal von Paul Tarnow, aber auch sein mutiges Verhalten wurden schnell klar. Das überschritt die Bedeutung, die er für die Esperantogemeinschaft hatte. Er hat auch Bedeutung für die Düsseldorfer Stadtgesellschaft und die Selbstdarstellung Düsseldorfs gegenüber seinen Gästen.[2]

Der Autor machte sich Anfang 2003 die Initiative zu eigen, der Stadtverwaltung den Namen für die Benennung einer Straße zu vorzuschlagen. Aus Paul Tarnows Lebensgeschichte und aus dem Selbstverständnis der Stadt Düsseldorf wurde dieser Anstoß begründet. Die Antwort des Amts für Verkehrsmanagements versicherte bald danach, dass „Ihr Vorschlag besondere Beachtung findet."[3]

Doch trotz mehrmaliger, konkreter Anregung in Einzelfällen – eine in einem Zeitungsartikel 2010 dokumentiert (Anhang 2) – wurde keine von den Investoren, die das letzte Wort hatten, angenommen. Darum erstellte der Autor 2015 den unten stehenden, deutschsprachigen Aufsatz über Paul Tarnows Leben für das „Düsseldorfer Jahrbuch 85". (2020 ist dieser stark gekürzt, mit Ergänzungen und Korrekturen, in Esperanto im Netz veröffentlicht worden: Es ist der zweite hier wiedergegebene Aufsatz.)

Leider blieb es dabei, dass der „besonders beachtete Vorschlag" auch jetzt nach 18 Jahren durch die Stadtverwaltung nicht angenommen wurde.

Die bisher letzte Hoffnung bezog sich auf die Umbenennung derjenigen Straßen in Düsseldorf, die nach belasteten Personen benannt sind. Diese Umbenennung wird vom Rat der Stadt auch genutzt, um die überfällige Ehrung von Menschen aus bisher nicht genug berücksichtigten Gruppen nachzuholen. Um dieses Manko zu beheben, wurden vom Beirat elf Personen aus diesen Gruppen vorgeschlagen[4], kurz vorgestellt im Anhang 1. Wer sich deren Lebensgeschichten ansieht, wird die Entscheidung für ihre Namen ausdrücklich befürworten. Auch standen dem großen Nachholbedarf relativ wenige Straßen gegenüber, die umbenannt werden sollten.

---

[1] Esperanto – ein Ausweg aus Babylon?, 95 Jahre Esperanto in Düsseldorf, Niebüll 2002.
[2] Aus dem Schreiben des Autors an die Stadt Düsseldorf vom 26.04.2003: „... Düsseldorf wirbt für sich als weltoffene, gastfreundliche Stadt, auch über die Phase der Olympiabewerbung hinaus. Heute ist das Bekenntnis zu Weltoffenheit und Gastfreundschaft zum Glück wohlfeil. Die Stadt Düsseldorf sollte an die erinnern und sich erinnern, die in schlimmen Zeiten, als dies ein Risiko mit sich brachte, sich dazu bekannten ..."
[3] Schreiben des Amtes für Verkehrsmanagement Düsseldorf, Herr Hahn, vom 08.05.2003.
[4] Abschlussbericht des Beirats der Stadt Düsseldorf zur Überprüfung Düsseldorfer Straßen- und Platzbenennungen https://www.duesseldorf.de/fileadmin/Amt41-203/stadtarchiv/aktuell/200123Abschlussbericht_Strassennamen.pdf, S. 313/314.

So ist jetzt der Wunsch, dass die Straßenbenennung nach Paul Tarnow – wenn sie schon nicht im Rahmen dieser jetzigen Umbenennung passiert – so doch wenigstens nicht mehr weitere 18 Jahre dauert: Diese Broschüre soll größere Kreise der Düsseldorfer Bevölkerung als bisher über Paul Tarnow informieren und über den Sinn einer Straßenbenennung nach ihm. Auch die Esperantogemeinschaft ist 60 bis 100 Jahre nach den relevanten Geschehnissen noch nicht richtig über ihn unterrichtet.

///

1 Antaŭparolado

En la aprilo de 2003 la nomado de Düsseldorf-a strato laŭ Paul Tarnow estis proponita al la Düsseldorf-a urba administracio per la aŭtoro die tiu-ĉi broŝuro. La „Esperanto Societo Düsseldorf" fariĝis atenta al tiu esperantisto el Düsseldorf, ĉar ĝi povis sekvi en ĝia mezo, kiel estiĝis la libro de la geedzoj Edeltraud kaj Hans-Jürgen Mattusch pri Esperanto en Düsseldorf[5]. Por la libro la Gestapo-akto pri Paul Tarnow – kaj kelkaj parolaj fontoj – estis utiligitaj kaj taskitaj je la unua fojo.

La speciala sorto de Paul Tarnow, sed ankaŭ lia kuraĝa sinteno klariĝis baldaŭ. Tio transiris la signifon kiun li havis por la Esperanto komunumo. Ĝi ankaŭ gravas por la Düsseldorf-a komunumo kaj la sinprezento de Düsseldorf al siaj gastoj.

La aŭtoro propriigis la iniciativon, proponi nomiĝon de Düsseldorf-a strato laŭ Paul Tarnow al la administracio de Düsseldorf komence de 2003[6]. La instigo bazis sur la memkompreno de la urbo Düsseldorf kaj la vivhistorio de Paul Tarnow. Post nelonge la respondo de la oficejo por trafikaj aferoj certigis, „ke via propono trovos specialan atenton."[7]

Sed malgraŭ plurfojaj, konkretaj proponoj por unuopaj kazoj – unu el ĝi dokumentita en ĵurnal-artikolo en 2010 (Apendico 2) – neniu estis akceptita de investantoj, kiuj finfine decidis. Tial la aŭtoro kreis en 2015 la suban eseon (en la germana) pri la vivo de Paul Tarnow por la „Düsseldorfer Jahrbuch 85" (Düsseldorf-a jarlibro). (En 2020 tiu estis publikita pli koncize kun aldonaĵoj kaj korektaĵoj en Esperanto interrete: Estas la dua ĉi-tie reproduktita eseo kiel ĉapitro 3.)

Bedaŭrinde la „speciale atentita propono" ankaŭ post 18 jaroj ne estis akceptita de la urba administracio.

La ĝis nun lasta espero rilatis la alinomadon de tiuj stratoj en Düsseldorf, kiuj havas la nomon de ŝarĝitaj personoj. La alinomado estas ankaŭ uzata de la konsilaro de la urbo por reakiri la necesan honorigon de homoj el grupoj kiuj ĝis nun ne estis sufiĉe konside-

---

[5] Vidu piednoto 1.
[6] De la skribaĵo de la aŭtoro al la urbo Düsseldorf de la 26.04.2003: „... Düsseldorf varbis por si kiel urbo, malferma al la mondo kaj gastama, - ankaw pli ol por sia kandidateco por la Olimpiaj Ludoj. La urbo Düsseldorf devus memorigi kaj memori al tiuj, kiuj en malbonaj tempoj, kiam tio estis tre riska, ne distancigi de ĝi."
[7] Skribaĵo de la oficejo por trafikaj aferoj de Düsseldorf, sinjoro Hahn, de la 08.05.2003.

ritaj. Por kompensi la mankon dek-unu personoj el tiuj grupoj estas proponitaj de la kooperativa konsularo[8], mallonge prezentitaj en apendico unu. Kiu legas iliajn vivhistoriojn, kunsentos kun la decido pri iliaj nomoj. Ankaŭ la ĉi-rilata, granda farendaĵo estas limigita je relative malmultaj stratoj kiuj devas esti alinomataj.

Tial estas nun la deziro, ke la nomado de strato laŭ Paul Tarnow okazu– se ankoraŭ ne okazonte kadre de la aktuala alinomado – tiam ne nur post pluaj 18 jaroj: Tiu-ĉi broŝuro devas informi pli grandajn cirklojn de la Düsseldorf-a inhabitaro ol la ĝis nunaj pri Paul Tarnow kaj pri la senco de nomado de strato laŭ li. Ankaŭ la Esperanto komunumo ne estas korekte sciigata pri li – 60 ĝis 100 jaroj post la relevantaj okazaĵoj.

2 Erster Aufsatz zu Paul Tarnow (deutsch)

Vorbemerkungen

Der folgende Aufsatz wurde dem „Düsseldorfer Jahrbuch 85" aus dem Jahr 2015 entnommen. Auch die damalige Grafik blieb unverändert. Aus technischen Gründen werden die Ergänzungen und Korrekturen nicht als Fußnoten dem Text zugeordnet, sondern hinter diesem ersten Aufsatz als Nachbemerkungen.

Der erste dokumentierte Kontakt Paul Tarnows nach Düsseldorf 1909 als Esperanto sprechender Student sei hier vorangestellt, weil er das Bild verstärkt, dass eine forsche Art zu seinem Charakter gehörte:

Am 6. April 1909 wurde das Warenhaus von Leonard Tietz an der Königsallee eröffnet. Es ist heute das Kaufhaus „Galeria Kaufhof an der Kö". Bei dem Bazar zur Einweihung in der ersten Woche nach der Eröffnung wurde eine „Esperanto-Woche" arrangiert, bei der Paul Tarnow im Alter von 27 Jahren öffentlich über Esperanto sprach.[9] Im nächsten Jahr wusste der „Germana Esperantisto", die damalige Monatszeitschrift der deutschen Esperantisten, in seiner Januarausgabe zu berichten, dass er mit seinem Vortrag 25 Personen für einen neuen Kurs geworben hatte und auch im März 1911 wurde ein Kurs nach einer weiteren Werbeveranstaltung von ihm im „Verein für Handlungskommis 1858" möglich[10].

© gemeinfrei

Straßenszene vor dem Warenhaus Tietz an der Königsallee (1910)

---

[8] Fina raporto de la kooperativa konsularo de la urbo Düsseldorf por la kontrolo de la nomadoj de la Düsseldorf-aj stratoj kaj placoj https://www.duesseldorf.de/fileadmin/Amt41-203/stadtarchiv/aktuell/200123Abschlussbericht_Strassennamen.pdf, p. 313/314.
[9] La Germana Esperantisto, El germanlingvaj landoj, novembro 1909, Seite 125.
[10] Ebd., El germanlingvaj landoj, januaro 1910, Seite 4 und ebd., marto 1911, Seite 55.

Bekenntnis zu Weltoffenheit und Menschenfreundlichkeit

Zur Erinnerung an den Esperantisten Paul Tarnow (1881–1944)

Mit neun Abbildungen

Von Hans Bernd A s h a u e r - J e r z i m b e c k

1 Einführung

Der Esperantist Paul Tarnow, geboren am 17. Juli 1881, gestorben am 13. Dezember 1944, in Barmen aufgewachsen, wohnte mit seiner Frau und vier Kindern ab 1931 in Düsseldorf. Als Diplomingenieur, Regierungsbaumeister und Provinzial-Oberbaurat arbeitete er im Landeshaus der damaligen Verwaltung der Rheinprovinz. Er hat sich durch den Aufbau eines der damals größten Weltsprachen-Archive und viele Kontakte weltweit in der Esperanto-Bewegung für die Völkerverständigung eingesetzt. Zu einem Vorbild an Mut und Zivilcourage – gepaart mit geschicktem Handeln innerhalb der NS-Staatsinstitutionen – wurde Paul Tarnow, als er sich nach einer mehrmonatigen Gestapo-Haft erneut an diese mit einem Bekenntnis und einem Aufruf zu Weltoffenheit wandte.

Ausschnitt aus einem Familienporträt vermutlich aus dem Jahr 1939 (Familienbesitz)

Zu seiner Biografie wurde bereits einiges publiziert: Die zwei ersten Veröffentlichungen in Esperanto-Zeitschriften, 1955 erschienen[1], waren in Esperanto gehalten. Darin legten Paul

---

1 Julia Isbrücker, La sorto de Paul Tarnow. Meritplena germana esperantisto dum la milito fariĝis senkulpe viktimo de spionado (Das Schicksal von Paul Tarnow. Verdienstvoller, deutscher Esperantist während des Krieges wurde unschuldig das Opfer von Spionage), in: La Praktiko 18/19, (Juli/ August) 1955, ohne Seitenangabe (o. S.). GER-Redaktion, S-ano Tarnow kaj liaj Esperantaj kolektaĵoj (Gleichgesinnter Tarnow und seine Esperantosammlungen), in: Germana Esperanto Revuo 8, Mai 1955, S. 66.

Unterschrift Paul Tarnows (aus dem Schreiben vom 22.4.1940, Landesarchiv NRW, Abteilung Rheinland, RW 0058 Nr. 36018, Bl. 74f.)

Tarnows Weggefährten aus Düsseldorf und Haag gegenüber ihren Zeitgenossen Zeugnis über sein Schicksal ab. Ein weiterer Zeitschriftartikel für Esperanto-Leser[2] aus dem Jahre 1995 stützte sich auf die meisten der bisherigen Quellen, um die Erinnerung an ihn in Esperantokreisen wach zu halten. 2002 erweiterte ein Artikel über Paul Tarnow in einem Buch das Spektrum der Perspektiven auf Paul Tarnow.[3] Wie fast das gesamte Buch ist der Artikel über Paul Tarnow in Deutsch gehalten, verwendet auch die 1995 verwendeten Quellen – nach kritischer Durchsicht – und wertet die Informationen der Gestapo-Akten aus. Ein erster Schritt zu Paul Tarnows offizieller Wahrnehmung in Düsseldorf war ein Artikel über ihn im „Großen Düsseldorf Lexikon".[4] Ein weiterer Schritt kann nun dieser Beitrag sein: Die 70. Wiederkehr seines Todestages am 13. Dezember 1944 gab Anlass, sich mit biographischen Angaben ein umfassenderes Bild von ihm zu machen.

Einige am Thema Interessierte unterstützten mich, diesen Beitrag zu erstellen. Namentlich danke ich Herrn Dr. Ziko van Dijk für die Zusendung einer Quelle aus dem Rotterdamer Archiv der UEA; Herrn Dr. Ulrich Lins danke ich für die Bereitschaft, mit seinem anerkannten Wissen über die Geschichte des Esperanto bei Fragen und Unsicherheiten zur Verfügung gestanden zu haben; Dr. Bernd Krause, Forchheim (www.geschichtswissenschaften.com) für die vielen detaillierten inhaltlichen und vor allem formalen, lektoralen Hinweise.

2   „Schublade" Esperanto

Dem Verfasser fiel im letzten Jahrzehnt auf, dass – sobald das Wort Esperanto fiel – bei Vielen nur noch diese Sprache und die Meinung des Hörers darüber (pro oder kontra) bei der Bewertung von Paul Tarnow eine Rolle spielten.

2   Jean Amouroux, Paul Tarnow – Sorto de Germana samideano dum la nazia regado. La Esperantista Dreyfus-afero (Paul Tarnow – Schicksal des deutschen Gleichgesinnten während der Naziherrschaft. Die esperantistische Dreyfus-Affäre), in: Esperanto aktuell 8, 1995, S. 4f.

3   Edeltraud und Max Hans-Jürgen Mattusch, Esperanto – ein Ausweg aus Babylon? 95 Jahre Esperanto in Düsseldorf, Düsseldorf 2002, Abschnitt „Paul Tarnow (1881–1944)", 2002, S. 145–147.

4   Clemens Graf von Looz-Corswarem, Art. „Tarnow, Paul", in: Das große Düsseldorf Lexikon, Düsseldorf 2012, S. 969, Sp. 2.

Das Schieben in Schubladen passiert unwillkürlich und ist oft nicht bösartig gemeint. In der Psychologie ist das Phänomen als übliche Reaktion auf empfundene Widersprüche bekannt, die einem unangenehm sind. Man kann jedoch auch etwas aus seiner Schublade holen und näher betrachten, also die Fakten feststellen, statt immer wieder reflexhaft zu denken.

Paul Tarnow beruft sich nicht auf Esperanto, als er 1940 die Düsseldorfer Gestapostelle in einem Brief darauf hinweist, dass er viele Freundschaftsbeziehungen in alle Länder habe und man doch darauf achten müsse, solche zu erhalten.[5] Erfahrungen, die er als Esperantist gesammelt hat, ermöglichen ihm, einen Vernunft geleiteten Vorschlag zu machen. Ihm geht es um das grundsätzliche Verhältnis von Menschen unterschiedlicher Nationen zueinander.

Persönliche Freundschaftsbeziehungen weltweit als erhaltenswert zu benennen, war eine mutige, indirekt politische Aussage! Aufgrund der damaligen Kriegssituation (Deutschland eroberte gemeinsam mit der Sowjetunion Polen und beide teilten es untereinander auf; die Kriegssituation mit den Westmächten war im Frühjahr 1940 eine kurze Zeit ohne große Kriegshandlungen) konnte man sich noch der Hoffnung hingeben, der Krieg könne schnell zu Ende gehen und man könne mit den Kriegsgegnern zu einer Friedenslösung kommen. Die Propagandalüge vom Kriegsbeginn seitens Polen erhielt die offizielle Version der Sicht des Nazistaats als friedliebendes Deutschland, das überfallen wurde, aufrecht. Indem er die Vortäuschung der Friedensliebe für bare Münze nahm, war er mit dem Verweis auf dieses Ideal in diesem Punkt nicht angreifbar. Jedoch passte die Initiative Einzelner nicht zum totalitaristischen Stil des NS-Staats, sondern zum demokratischen der geschmähten Systemzeit der Weimarer Republik.

Hier ist das bekennende, widerständige Verhalten eines demokratisch Gesinnten zu erkennen. Die Opferrolle als ein für Esperanto Engagierter erscheint aus der Sicht dieser Auseinandersetzung nur als Teil der Wahrheit.

Nicht nur in Bezug auf das Koordinatenkreuz von Paul Tarnows Werten ist Esperanto nur ein Bestandteil unter mehreren. Auch als ein sprach- und geistesgeschichtliches und damit zeitgeschichtliches Phänomen steht Esperanto natürlich in einem bestimmten Kontext. Es ist kein Zufall, dass dieses Phänomen Ende des 19. Jahrhunderts entstand und Anfang des 20. Jahrhunderts verstärkt verbreitet und propagiert wurde, als auch Paul Tarnow es lernte. Denn Entwicklung, Verbreitung und Propagierung sind folgendermaßen von grundlegenden zeittypischen Ideen abhängig:

---

5   Schreiben vom 22.4.1940, Landesarchiv NRW, Abteilung Rheinland, RW 0058, Nr. 36018, Abb. 75.

Da ist die Idee von der Effizienz internationaler Kommunikation im Anbetracht der „ersten großen Globalisierung", welche beispielsweise von Oliver Janz für die Zeit vor dem Ersten Weltkrieg festgestellt wurde.[6] Mit dieser sozusagen praktisch orientierten Grundidee ist Esperanto in jenem Zeitalter Teil des zeittypischen Fortschrittsglaubens. Was mit der drahtlosen Telegrafie die technische Seite der Kommunikation der Zukunft abdeckte, konnte mit Esperanto als ihre sprachliche Seite verstanden werden.

Zweitens war die Grundidee, in der neuen Globalisierung – modern ausgedrückt – ein neues „Wir-Gefühl" im Zusammenwachsen der Welt zu erkennen. Eine neutrale Sprache, bei der jede und jeder sich als Teil der großen Menschheitsfamilie empfinden konnte, schien ganz in die Zeit zu passen. Die Sprache schien mithin eine Chance zu sein, „Familienkonflikte" aufgrund der gemeinsamen Sprache besser lösen zu können. Damit erscheint Esperanto zeittypisch mit der oft schwärmerisch vorgetragenen Idee von einer friedlichen Zukunft. Der Entwickler von Esperanto, Ludwig Lazarus Zamenhof (Ludwik Lejzer Zamenhof), hing dieser idealistisch orientierten Grundidee von Esperanto an und nannte sie *interna ideo* (inne wohnende Idee).

In der praktisch orientierten Grundidee steckte der zeittypische Fortschrittsglaube der Zeitgenossen; in der idealistisch orientierte Grundidee ihr aufkommendes, globales Zusammengehörigkeitsgefühl, die Friedenssehnsucht und die Angst vor einer zukünftigen, neuen Form von Krieg.

Viele erste Anhänger stammten aus der Oberschicht und waren pazifistisch gesinnt. Später – vor dem Ersten Weltkrieg – kam ein Kreis von Esperanto-Sprechern hinzu, die an einer erfolgreichen Verbreitung und einem praktischen Nutzen der Sprache für die Einzelnen orientiert waren.

Einen besonderen Einfluss auf Paul Tarnow hat die Initiative einen Weltbund zu gründen gehabt, die sich um die Vernetzung der Esperantosprecher bemühte. Sich für eine künstlich geschaffene Sprache zu interessieren, bedeutete nicht (und bedeutet heute nicht) sich dezidiert lebensreformerischen Kreisen anzuschließen. Viele Anhänger und Sprecher zählen zum wert- und moralkonservativen Spektrum der Gesellschaft. Esperanto sollte eben eine neutrale Sprache sein und den damaligen sozialen Bewegungen, Verbänden und Initiativen offen stehen, ohne sich mit Einzelnen davon exklusiv zu vergeschwistern.[7]

---

6   „Der Erste Weltkrieg zeigt, wie globalisiert die Welt und das internationale Mächtesystem schon 1914 waren." Oliver Janz, 14 – Der große Krieg, Frankfurt/M. 2014, S. 10.

7   Vgl. Ulrich Lins, Die gefährliche Sprache. Die Verfolgung der Esperantisten unter Hitler und Stalin, Gerlingen 1988, S. 13–49.

Wuppertal-Barmen am Ende des 19. Jahrhunderts (Stadtarchiv Wuppertal, Fotograf L. Stüting)

3 Prägung und Bildung – Esperanto-Erwerb und erste internationale Aktivitäten

Paul Tarnow lebte von seiner Geburt 1881 bis zum Ende des Ersten Weltkrieges 1918, also 37 Jahre lang, im Kaiserreich. Schon zu Beginn seines Lebens hatten seine Eltern durch die Beinamen „Friedrich Wilhelm" eine Beziehung zum damaligen Kronprinzen gestiftet – und damit sowohl zu dessen politischer Haltung als auch zur politischen Verfasstheit des Landes. Kronprinz Friedrich Wilhelm war, wie heute Prinz Charles von England, sehr lange Anwärter auf den Kaisertitel, wie Charles auf den Königstitel. Er stand für ein liberaleres Kaisertum als sein Vater Kaiser Wilhelm I. Paul Tarnows Ursprungsfamilie scheint auf ein fortdauerndes, wenn auch offeneres Kaiserreich gehofft zu haben. Es war damals keine Ausnahme aus diesem Grund seinem Sohn die Namen Friedrich Wilhelm zu geben. Es war üblich, seine politische Ansicht und die Hoffnungen für das Kind in dessen Namen auszudrücken. Die guten Wünsche blieben dem Kind selbst dauernd in der Erinnerung und waren damit auch Teil des geistigen Erbes der Eltern.

Bau der Wuppertaler Schwebebahn (Wuppertaler Stadtwerke GmbH)

Paul Tarnow wuchs in Wuppertal-Barmen auf, das damals noch selbststän-
dig war und schnell größer wurde. Modernisierungen und Verbesserungen der
Infrastruktur der Stadt, z. B. die Versorgung mit Trinkwasser aus der Ruhr
1883 und die schrittweise Elektrifizierung der Straßenbeleuchtung, waren ab
1889 wichtige Momente der Stadtentwicklung. Die Aussicht auf stetig wach-
senden Wohlstand in den sich industrialisierenden Staaten manifestierte sich
damals besonders augenfällig im aufstrebenden Stahlkoloss Eiffelturm, der in
der Kindheit von Paul Tarnow errichtet wurde (1887–1889). Mit 17, also 1898,
erlebte Paul Tarnow außerdem den Bau der Wuppertaler Schwebebahn.

Zur Jahrhundertwende dürfte Paul Tarnow die Berechtigung zum Studium
erworben und den einjährigen Pflicht-Militärdienst geleistet haben. Bald darauf
muss er sein Studium in Hannover begonnen haben. Das von ihm gewählte
Studienfach – Maschinenbau – lässt einen realistisch orientierten, jungen Mann
vermuten, der die Nase im Wind und das Gespür dafür hatte, was in der Luft
lag. Zur gleichen Vermutung führt seine Propagandatätigkeit für Esperanto bei

Hannover Welfenschloss (um 1895) – Studienort auch für die Maschinenbauingenieure Anfang des 20. Jahrhunderts (Photochrom Nr. 8185 Hannover, Welfenschloss © Photoglob AG Zürich)

der Eisenbahn in Kattowitz[8] und seine Entscheidung, ab 1912 für die Leitung der internationalen Esperanto-Eisenbahner-Vereinigung zur Verfügung zu stehen[9]: Die Eisenbahn galt lange Zeit als Wirtschafts- und Fortschrittsmotor.

Die Begegnung mit Esperanto und sicher auch mit begeisterten Esperantisten löste anscheinend bei ihm im Alter von 26 Jahren ein Feuerwerk von Ideen und inneren Bildern aus: 1907 lernte er die Sprache, muss aber auch eine intensive Propaganda- und Reisetätigkeit entfaltet haben. In der *Enciklopedio de Esperanto* von 1934 heißt es diesbezüglich in einem von P. Tarnow selbst verfassten Artikel: *Propagierte Esperanto in Hannover, Oberschlesien, Elberfeld, Düsseldorf und Kiel. Gründete: 1907 Esperanto-Gruppe in Hannover mit mehr als 100 Mitgliedern,*

---

8   *Herr Tarnow, Gründer der Gruppe Hannover und bekannter Gleichgesinnter, interessierte den Präsidenten der staatlichen Eisenbahndirektion von Kattowitz für die Esperantobewegung. Dieser Herr erlaubte die Organisation des Unterrichts von leitenden Eisenbahn-Diensthabenden.* GE-Redaktion: El german-lingvaj landoj (Aus deutschsprachigen Ländern): Kattowitz, in: Germana Esperantisto 7, März 1910, S. 52 (Übersetzung vom Verfasser).

9   *Während des Weltkongresses in Krakau 1912 trafen sich die wenigen Eisenbahner drei Mal. Man wählte Tarnow, Deutschland, zum Präsidenten…* Paul Tarnow/Iwan Schirjaew (kompiliert nach diesen), Art. Fervojo, in: Enciklopedio de Esperanto, Budapest 1933, S. 213–215, hier S. 214 (Übersetzung vom Verfasser).

war deren Vorsitzender bis 1909; begründete 1908 in Lüneburg den Nordwest-Verband
mit, gründete im September den Oberschlesischen Esperanto-Bund und 1911 in Elberfeld die
Esperanto-Gruppe „Verda Stelo". Nahm an der Gründung des Esperanto-Weltbundes teil
und war sein Delegierter von 1908–1910 und 1928–heute. Leiter der Ausstellungsabteilung
des Deutschen Esperanto-Bundes 1910–21.[10]

Wodurch das Feuerwerk letztendlich ausgelöst wurde, kann nur erschlossen werden. 1905 hatten Menschen verschiedener Nationen auf dem ersten Esperanto Weltkongress in Boulogne-sur-Mer das Erlebnis, dass sie mit der neuen Sprache wie selbstverständlich miteinander sprechen konnten. Dafür wurde einmal der Ausdruck „Pfingsterlebnis" geprägt.

Zwei bis drei Jahre später hielt dessen euphorisierende, motivierende Wirkung nicht nur bei den Teilnehmern des Kongresses in Frankreich an, sondern man konnte auch weitere Kreise begeistern. Scheinbar war der so angesteckte Paul Tarnow als 26/27-jähriger Student in der Lage, teils mit anderen die Begeisterung zu teilen, teils wieder andere mit der Begeisterung anzustecken. Dabei war er offensichtlich (siehe obiges Zitat zu seinen Werbekampagnen) erfolgreich und – wenn nötig – vorne weg.

Solche Offenbarungen, die zu starkem Engagement führen, fallen nicht vom Himmel, sondern sind – besonders bei einem realistisch ausgerichteten, angehenden Maschinenbauer wie Paul Tarnow – das Ergebnis einer Entwicklung, einer Suche nach Alternativen zu Bestehendem. Das Bestehende, das einen meinungsbildenden Einfluss auf ihn ausüben konnte, waren Militär und studentischen Verbindungen, wo nationale Ressentiments gepflegt wurden.[11] Esperanto und seine Anhänger bildeten hierzu einen attraktiven Gegenpol und schienen für sie mehr zum Zeitgeist der ersten großen Globalisierung zu passen, als das Denken in Erbfeindschaften.

Auch der Antisemitismus wurde nicht geteilt. Der Entwickler der Sprache, Ludwig Lazarus Zamenhof, war jüdischer Herkunft. Er selbst war bescheiden, wurde aber oft verehrt, als Genie betrachtet und mit *majstro* tituliert. Auf dem vierten Esperanto-Weltkongress in Dresden 1908 war Paul Tarnow zugegen und konnte Zamenhof dort erleben.[12]

---

10 Paul Tarnow, Art. Tarnow, in: Enciklopedio de Esperanto, Budapest 1933, S. 963–964 (Übersetzung vom Verfasser).

11 So ist es kein Zufall, dass Paul Tarnow als ein führender Unterstützer von Esperanto in Hannover keiner Verbindung angehörte: *Hannover. [...] Auch unter den außerkoperierten Studenten der Technischen Akademie wächst die Propaganda [...]* GE-Redaktion, El germanlingvaj landoj (Aus deutschsprachigen Ländern): Hannover, in: Germana Esperantisto 4, Mai 1907, S. 53 (Übersetzung vom Verfasser).

12 Paul Tarnow wird in einer Teilnehmerliste des Kongresses von 1908 in Dresden aufgeführt: Esperantista Centra Oficejo (Hrsg.), Kvara Universala Kongreso, Paris 1909, S. 127.

In die allererste Phase seines Engagements fällt auch seine Mitautorschaft – als einziger Mitautor von vier Personen ohne Doktortitel – bei der Broschüre *La reforma demando.*[13] Das Toleranz- und Freundschaftsmotiv bei Paul Tarnow findet sich schon hier, wie eine Rezension erkennen lässt: … *Diese Partei* [der Reformdiskussion; der Verfasser] *fordert Toleranz statt Unberührbarkeit, sie bestreitet, dass dies zu Chaos führt. Bedingung ist: organisierte Vereinigung aller reformorientierten Esperantisten* …[14]

Nach den oben aufgeführten Informationen kehrte er ca. 1911 nach Barmen zurück – wohl nach bestandenem Studium. 1910, also etwa zur selben Zeit, wandte er sich – nach auf dem Deutschen Esperanto-Kongress in Augsburg erhaltenen Anregungen –, von der Propagandatätigkeit ab und der bibliographischen und Sammlertätigkeit zu: *ich beschloss ein Archiv anzulegen und zwar nicht nur für Esperanto, sondern für das ganze Gebiet aller Weltsprachen!*[15] Das ist ungewöhnlich, da die anderen Welthilfssprachen, wie Ido, Volapük, Interlingue (Occidental) und Interlingua, kaum von Bedeutung waren. Der Konkurrenzkampf gegen die anderen Plansprachen – oder diese zu ignorieren – war gängige Praxis.

Paul Tarnow wandte die idealistische Grundidee, eine Menschheitsfamilie zu sein, konsequent auch auf die anderen „Mitbewerber" um das Mittel der Wahl für die internationale Verständigung an!

4 Beruflicher Aufstieg und Familiengründung – Aufbau des Weltsprachen-Archivs und enzyklopädische Arbeit

Der *Germana Esperantisto (Deutscher Esperantist)* nennt im März 1913 als seinen Wohnort Wittenberge in Sachsen-Anhalt[16], in seiner Juli-Ausgabe desselben Jahres Kiel.[17] Nach den Angaben eines Sohnes von Paul Tarnow hatte er dort eine Arbeit auf der Kaiserlichen Werft Kiel gefunden (und ist dann bald nach deren Auflösung nach dem Ersten Weltkrieg in die Arbeitslosigkeit entlassen

13   Vgl. Walter Borgius, La reforma demando, Dresden 1908.
14   Walter Borgius, Partio Esperanto reformita, in: Bibliografio de Internacia lingvo, Genf 1929, S. 464.
15   Brief von Tarnow an Jakob, 1.5.1944, S. 1, Archiv der UEA in der Bibliothek Hector Hodler bei der Universala Esperanto-Asocio, NL Rotterdam. Das Dokument ist im Archiv z. Zt. nicht auffindbar, dem Verf. lag jedoch eine Kopie vor.
16   GE-Redaktion: Diversaj eldonajoj. (Diverse Drucksachen): Esperantaj sigel- kaj propagandomarkoj (Esperanto-Siegel- und -Werbemarken), in: Germana Esperantisto 10, März 1913, S. 47.
17   GE-Redaktion, Offizielle Liste des Deutschen Esperanto-Bundes, E.V. Ressorts des Beirats. VII. Ausstellungen, in: Germana Esperantisto 10, Juli 1913, S. 112.

worden, bevor er in Düsseldorf bei der Rheinprovinz arbeitete).[18] Die Kaiser-liche Werft in Kiel war (neben der Kaiserlichen Werft Wilhelmshaven und der in Danzig) eine der staatlichen, vom Militär geführten Werften, die mit der Produktion und Reparatur von Kriegsschiffen und U-Booten Deutschland ermöglichen sollten, dass das Kaiserreich als See- und Weltmacht eine Rolle spielte. Daneben, dass ein Offizier die Werft leitete, bot sie ihren Tausenden Arbeitern, Angestellten und Beamten ein gutes System von sozialer Absicherung. Man kann davon ausgehen, dass er sehr nahe am Kieler Matrosenaufstand, dem Auslöser der Novemberrevolution in Deutschland 1918, war. Dieser führte auch zu Aufruhr und Toten in der Kaiserlichen Werft Kiel.

1913 zeigte sich sein Engagement für sein Ideal darin, dass er etwa ein halbes Jahr nach dem Umzug einen Werbevortrag für Esperanto vermutlich im September oder Oktober vor annähernd 150 Zuhörern hielt.[19] Bald darauf, am 10. Dezember 1913, wurde er zum Leiter der Ortsgruppe gewählt.[20] Im Mai 1914 meldete der *Germana Esperantisto*, dass er *wegen zu großer Belastung sein Amt abgeben musste*.[21] Nur ein bis zwei Monate später ließ er sich jedoch erneut auf dem 9. Deutschen Esperanto-Kongreß (30. Mai bis 3. Juni 2014 in Leipzig) in den Beirat des Deutschen Esperanto-Bundes wählen.[22] Auch während des Krieges führte er den Aufbau seiner Weltsprachensammlung fort und erhielt dafür auch aus dem Ausland Exemplare der gesammelten Periodika, wie er in einem Schreiben 1940 an die Gestapo erklärte.[23]

Die Arbeit in einem Werk, das Schiffe und Boote als Kriegswaffen baute und reparierte, und das gleichzeitige Engagement für das Ideal der Völkerfreund-

---

18 Nach den Angaben eines Sohnes von Paul Tarnow.

19 *Ortsgruppe. Dipl.-Ing. Tarnow hielt einen Werbevortrag in der Stenografischen Vereinigung Stolze-Schrey im Beisein von annähernd 150 Personen.* GE-Redaktion, El germanlingvaj landoj (Aus deutsch-sprachigen Ländern): Kiel, in: Germana Esperantisto 10, Nov. 1913, S. 160 (Übersetzung vom Verfasser).

20 *Ortsgruppe. In der Hauptversammlung am 10.12. wurde folgender Vorstand gewählt: Leiter: Herr Tarnow,...*, GE-Redaktion, El germanlingvaj landoj (Aus deutschsprachigen Ländern): Kiel, in: Germana Esperantisto 11, Feb. 1914, S. 23 (Übersetzung vom Verfasser).

21 *Ortsgruppe. Da Dipl.-Ing. Tarnow wegen zu großer Belastung sein Amt abgeben musste, wählte man Dr. Winkler zum Leiter,* GE-Redaktion, El germanlingvaj landoj (Aus deutschsprachigen Ländern): Kiel, in: Germana Esperantisto 11, Mai 1914, S. 72 (Übersetzung vom Verfasser).

22 *Wiedergewählt sind folgende Mitglieder des Beirats:* [...], *Tarnow, ...* GE-Redaktion, Oficialaj sciigoj de Germana Esperanto-Asocio (G.E.A) [Öffentliche Bekanntmachungen der Deutschen Esperanto Gesellschaft (G.E.A.)]. Rezulto de la 9. Germana Esperanto-Kongreso (Er-gebnis des 9. Deutschen Esperanto-Kongresses), in: Germana Esperantisto 11, Juli 1914, S. 111 (Übersetzung vom Verfasser).

23 *Auch im Weltkrieg konnte ich meine Arbeiten ungehindert weiterführen und erhielt sogar die Sachen aus dem größten Teil der Feindländer durch Freunde im neutralen Ausland.* Landesarchiv NRW, Abteilung Rheinland, RW 0058, Nr. 36018, Abb. 74.

schaft ist eine Gewissensherausforderung. Der Rückzug auf seine Sammlung war sicher eine Hilfe im Umgang mit Gewissenskonflikten und bei der inneren „Sammlung". Ob Paul Tarnow sich zeitweise denen anschloss, die Esperanto als Propagandaplattform für Kriegspropaganda zugunsten ihres Landes nutzten, lässt sich nicht durch Quellen bestätigen oder ausschließen. Die zugesandten Zeitschriften mögen ihm geholfen haben, die deutsche Kriegspropaganda zu hinterfragen: Auch wenn er die Zeitschriften nicht alle und ganz gelesen hat, weil es zu viele waren, muss er schon durch Überschriften einen Einblick darin bekommen haben, wie in anderen Ländern die Kriegssituation und Weltlage eingeschätzt wurde. Dies unterschied seine Informationslage von den meisten anderen Esperantisten. Die Erfahrung des Kieler Matrosenaufstands aus ziemlicher Nähe kann als weitere besondere Prägung seines Gesellschafts- und Menschenbild angesehen werden.

Paul Tarnow hat während des Ersten Weltkrieges, im Dezember 1917, geheiratet.[24] Die Ehefrau war keine Esperantistin.[25] Dass Tarnow eine Lebenspartnerin wählte, die nicht aus dem Kreis der Anhänger der eigenen Überzeugung kam, weist darauf hin, dass er außerhalb der hoch-idealistischen Esperantogemeinschaft auch für die allgemeinen gesellschaftlichen Bereiche und Entwicklungen offen war, vielleicht sogar einen realistischen Gegenpart brauchte. Eine Tochter lernte Esperanto, die anderen drei Kinder nicht.[26]

Wann die Arbeit als Provinzialbaurat bei der Rheinprovinz in Düsseldorf begann, wann Tarnow verbeamtet wurde und ob es vorherige Arbeitsstellen gab, ist nicht bekannt. Verbrieft ist, dass die Familie Tarnow, die Eltern mit ihren vier Kindern, 1931 nach Düsseldorf zog.[27] Überliefert ist auch ein Leben mit vielen Dienstreisen (Düsseldorfer Esperantisten erinnerten sich daran, dass er aus diesem Grund auch öfter nicht zu allgemeinen Treffen kam) und viel Einsatz für sein schon 1910 begonnenes Weltsprachen-Archiv (im bereits genannten Brief von 1944 schrieb er: *Wenn ich auch Morgen für Morgen um 4 Uhr aufstand und den größten Teil meiner freien Zeit der Sache opferte,...).*[28] Ebenso gab es Treffen mit internationalen Esperantosprechern. Im Brief an Hans Jakob schrieb er von jahrelanger, starker Arbeitsbelastung durch das Weltsprachen-Archiv, die er vergeblich durch das Einspannen anderer Interessierter zu minimieren

24   Landesarchiv NRW, Abteilung Rheinland, RW 0058, Nr. 36018, Bl. 31.
25   Nach den Angaben eines Sohnes von Paul Tarnow.
26   Vgl. Mattusch/Mattusch, Tarnow (wie Anm. 3), S. 145.
27   „VITA [...] Der Diplomingenieur zog 1931 mit Frau und vier Kindern nach Düsseldorf."
      Marion Seele-Leichert, Eine Straße für den Freigeist, in: Westdeutsche Zeitung vom
      27.1.2010, nach Angaben eines Sohnes von P. Tarnow.
28   Brief von Tarnow an Jakob, 1.5.1944 (wie Anm. 15).

suchte. Auch Geldgeber fand er nicht.[29] Als einer von deren Hauptmitarbeitern schrieb er einige Beiträge für die *Enciklopedio de Esperanto*, die 1933/1934 erschien (und jetzt komplett im Internet eingestellt ist).[30] Dadurch hatte er Einblick in die Beiträge vieler anderer Autoren. Unter anderem mit József Takács gab Paul Tarnow 1934 einen *Katalogo de Esperanto-gazetaro* heraus.[31] Beide kannten sich seit 1910 und arbeiteten oft zusammen[32]: Der deutsche Diplom-Ingenieur für Maschinenbau und der ungarische, jüdische Zahnarzt waren einander freundschaftlich verbunden. Deshalb ist es glaubhaft, wenn József Takács die leichte Seite in Paul Tarnows Leben schilderte, die es neben Anstrengung und Arbeitsbelastung zeitweise gab: *Er durchreiste viele Länder, wo er der Gast von vielen Gleichgesinnten war, aber auch er war der Gastgeber von sehr vielen Esperantisten in seinem Haus, führte sie durch Deutschland oder leistete ihnen andere Dienste.*[33]

5   Verhaftung, Freilassung und Rehabilitierung

Die Schilderung von József Takács stammt aus einem Rundschreiben von 1935, in dem er die Adressaten dazu aufrief, *an den Staatschef A. Hitler über das deutsche Konsulat oder die deutsche Botschaft [zu] schreiben, … In den Briefen soll man den noblen Charakter unseres Freundes Tarnow beschreiben und bitten, seine Angelegenheit nach den Prinzipien der Gerechtigkeit und Menschlichkeit zu regeln.*[34] Grund war, dass Paul Tarnow wegen des Verdachts auf Spionage festgenommen worden war und nach der Freilassung durch einen Richter – freigelassen wegen der Unbeweisbarkeit dieses Vorwurfs – sofort in Gestapo-Schutzhaft kam. Er war vom 11. August bis zum 21. Dezember 1934 gefangen.[35] Takács' Rundschreiben bezog sich auf die Zeit danach:

Nach einem mehrmonatigen Gefängnisaufenthalt lässt man ihn frei und nach diesem Zeitraum sucht man vergeblich nach Dokumenten gegen ihn, trotzdem rehabilitiert man ihn nicht und gibt ihm nicht sein Amt zurück, verweigert ihm sogar das Recht und die Möglichkeit

29   Ebd., S. 1–2.
30   http://www.eventoj.hu/steb/gxenerala_naturscienco/enciklopedio-1/enciklopedio-de-esperanto-1933.pdf, 4.4.2015.
31   József Takács, Katalogo de la Esperanto-gazetaro, Jablonné 1934.
32   József Takács schreibt: *Schon seit 25 Jahren habe ich ein freundschaftliches Verhältnis zum Gleichgesinnten Paul Tarnow* … Hektografiertes Rundschreiben von József Takács: La martira sorto de samideano Paŭl Tarnow aŭ la esperantista Dreyfus afero (Das Märtyrerschicksal des Gleichgesinnten Paul Tarnow oder die esperantistische Dreyfus-Affäre), 1935 (Privatbesitz von Perpignan Jean Amouroux), S. 1 (Übersetzung vom Verfasser).
33   Ebd., S. 2.
34   Ebd., S. 3.
35   Vgl. Landesarchiv NRW, Abteilung Rheinland, RW 0058, Nr. 36018, Blatt 2.

sich gegen die Lügen und Verleumdungen zu verteidigen. Man durchsucht sein Büro, seine Wohnung, seine Korrespondenz, die aus 25.000 Stücken besteht, und man findet nichts.[36]

Aus der Sicht von vor Ort müssen die Bemühungen der Familie den ausschlaggebenden Grund für seine Freilassung gegeben haben. Ein Esperanto-Freund von Paul Tarnow, Georg Johannes, teilte 20 Jahre später nach einem Gespräch mit Frau Tarnow mit, dass *nach mühevollen Bemühungen einer seiner Bekannten [...] man ihn nach sechs Monaten in die Freiheit ließ.*[37] Mit dem *Bekannten* kann nicht einer seiner Esperanto-Freunde gemeint sein, sondern wahrscheinlich eine Person aus dem Umfeld, die sich mit der rechtlichen und administrativen Seite des sich etablierenden NS-Staats auskannte. Auf die Bemühungen, über Beziehungen zu einer Lösung zu kommen, weist auch hin, dass Paul Tarnow, fast ein Jahr nach seiner Freilassung, am 18. Oktober 1935 wegen einer Erlaubnis an den Reichs- und Preußischen Minister des Innern schrieb[38] und schon zehn Tage später, am

Paul Tarnow, Foto vermutlich aus den 1920er Jahren (Familienbesitz)

28. Oktober 1935, von dort einen Bescheid bekam, in dem das Ministerium mitteilte, dass es gegen *die Vervollständigung Ihrer Sammlung von sogenannten Weltsprachenschriften [...] keine Bedenken* [hat], unter der Maßgabe, dass *die Schriften mit politisch zu beanstandendem Inhalt niemandem ausser Ihnen zu Gesicht kommen und ihr Inhalt jeglicher Auswertung entzogen ist.* – Allgemeine Zeitschriftenverbote hätten selbstverständlich auch ihm gegenüber Geltung.[39]

Zu dieser Zeit war der Verbotsprozess von Esperanto-Vereinigungen im Gange (Beginn: Mai 1935; Ende: August 1936); lediglich für privaten Schriftverkehr war nach einem nicht veröffentlichen, internen Vermerk der Gebrauch der Sprache nicht verboten.[40] Letztlich bedeutete das, dass Paul Tarnow nur für wissenschaftliche Zwecke sammeln und katalogisieren, aber das Gesammelte nicht auswerten durfte. Für seine Rehabilitierung hatte der Bescheid jedoch Gewicht, da seine Sammeltätigkeit damit als legal eingestuft wurde. In einer Postkarte zur Jahreswende 1936/1937 konnte er einer Bekannten in Paris mitteilen, dass

---

36   Takács, Rundschreiben (wie Anm. 32).
37   GER-Redaktion: S-ano Tarnow (wie Anm. 1).
38   Vgl. Landesarchiv NRW, Abteilung Rheinland, RW 0058, Nr. 36018, Abb. 13.
39   Ebd.
40   Vgl. Lins, Sprache (wie Anm. 7), S. 100–119.

seine Rehabilitierung erreicht und er seinen Posten zurückbekommen habe.[41]
Die Postkarte zeigt, dass Paul Tarnow selbstbewusster geworden war, während
sich Georg Johannes noch 1955 erinnerte, dass Paul Tarnow abgemagert und
verängstigt aus der Haft zurück gekommen war.[42]

6   Bemühungen um Fortsetzung der Sammeltätigkeit

Tarnows Sammeltätigkeit und die deshalb zugeschickten Druckartikel waren in
den folgenden Jahren Anlass für die Gestapo in Deutschland, staatsfeindliche
Aktivitäten zu vermuten. Schon Ende Oktober 1935 wurde von der Gestapo-
stelle Düsseldorf die Zeitschrift *Socialismo* abgefangen.[43] Dies führte u. a. zu
einer Anfrage aus Düsseldorf an das Gestapoamt Berlin zur *Prüfung und Ent-
scheidung*. Die Gestapo Berlin teilte auch Paul Tarnows obersten Dienstherrn,
dem Oberpräsidenten der Rheinprovinz, mit, dass es keine Bedenken gegen
die Zustellung der Zeitschrift gebe.[44]

Öfter wurde Tarnow dann von der Gestapostelle Düsseldorf vorgeladen
und musste Erklärungen über die angeschriebenen Personen und die abgefan-
genen Zeitschriften abgeben.[45] Einmal wurde auch ein anderer Esperantist aus
Düsseldorf, Wilhelm Ackermann, der für ihn das Druckerzeugnis angefordert
hatte, vorgeladen.[46] Anfang 1940, nach Beginn des Krieges, durfte er dann nicht
mehr auf Esperanto schreiben. Am 22. April 1940 versuchte Tarnow darauf
hin mit einem appellierenden Brief, in dem er seine Freundschaftsbeziehungen
in alle Welt als vorbildlich darstellt, doch noch zu einer Regelung zu kommen.
Die Gestapo-Hauptstelle in Berlin verbot ihm den Esperanto-Schriftverkehr
mit dem Ausland und überließ es ihm, seine Korrespondenzpartner für die
Zeit des Krieges zu bitten, für ihn zu sammeln, ein Verbot, das er in einer
schriftlichen Erklärung zur Kenntnis nehmen musste.[47]

Bezüglich seiner Lage schrieb er in diesem Brief vom April 1940 an die Ge-
stapo: *Ich habe eine gute Beamtenstellung und 3 unversorgte Kinder, wie sollte ich da etwas
unternehmen, was mir das alles zerstören würde?*[48] Im Hintergrund – aber eigentlich

41   Vgl. Amouroux, Tarnow (wie Anm. 2), S. 5.
42   GER-Redaktion: S-ano Tarnow (wie Anm. 1).
43   Vgl. Landesarchiv NRW, Abteilung Rheinland, RW 0058, Nr. 36018, Bl. 15.
44   Ebd., Bl. 16.
45   Ebd., Bl. 27, 35, 37.
46   Ebd., Bl. 42.
47   Ebd., nach Bl. 78: Erklärung vom 3.7.1940.
48   Ebd., Abb. 75.

Das Düsseldorfer Landeshaus in einer Aufnahme von ca. 1915 – langjähriger Arbeitsort Tarnows (Stadtarchiv Düsseldorf, 036-220-001)

im Vordergrund – stand offensichtlich seine bürgerliche Existenz, zu der für ihn natürlich untrennbar seine Familie zählte.

7   Überlebenskampf im Krieg

Die Luftangriffe auf Düsseldorf und ab 1943 Schlaganfälle machten Paul Tarnow das Leben schwer.[49] Teilweise war ihm aufgrund der Folgen seiner Erkrankung bei Luftangriffen die Flucht in den Keller nicht möglich.[50] Ab Herbst 1944 übernachtete er im Landeshaus der Rheinprovinz-Regierung, seinem lang-

---

49   Vom ersten Schlaganfall berichtet er selbst: vgl. Brief von Tarnow an Jakob(wie Anm.
      15), S. 1; von einem weiteren berichtet Wilhelm Ackermann: vgl. GER-Redaktion: S-ano
      Tarnow (wie Anm. 1).
50   Vgl. GER-Redaktion: S-ano Tarnow (wie Anm. 1).

Das Landeshaus nach einem Bombenangriff auf Düsseldorf im April 1944 (Stadtarchiv Düsseldorf, 127-080-001)

jährigen Arbeitsplatz. Dort konnte er mit Hilfe eines Aufzugs bei Luftangriffen in den Luftschutzkeller fahren.[51]

Im Landeshaus erlitt Paul Tarnow am 13. Dezember 1944 erneut einen Schlaganfall, an dem er verstarb.[52] Am 1. Mai desselben Jahres hatte er noch einen Brief an seinen Bekannten Hans Jakob in Genf gesendet, in dem er seinen schlechten Zustand und die schlechten Umstände zum Anlass nahm, über sein Leben nachzudenken: *Jetzt, wo ich infolge des im März 1943 auf einer Dienstreise in Bonn erlittenen sehr schweren Schlaganfalles, der mich über 13 Wochen im Krankenhaus in Bonn festhielt und von dem der Professor eine Genesung kaum für möglich gehalten hatte, und infolge der Zermürbung durch bei Tag und Nacht erfolgenden Fliegerangriffe, die einen nicht zur Ruhe kommen lassen, gewissermaßen am Ende meines Lebens stehe und meine Arbeit übersehe, muss ich gestehen, dass ich das mir gesteckte Ziel nicht erreicht habe!*[53]

Gemäß diesem Brief war schon vor dem Schlaganfall die Evakuierung seines Archivs zum Schutz vor der Zerstörung durch Kriegseinwirkungen vorbereitet worden und er hatte auch schon die endgültige Übergabe an die Universität Köln ausgemacht. Er wollte auch andere, vergleichbare Archive anregen, die Übergabe an die Universität Köln durchzuführen. Der Reichsoberarchivrat Dr. Wilhelm Kisky beschaffte ihm für die Beförderung des Archivs an einen sicheren Platz Holzkisten. 45 solcher Kisten wurden nach Paul Tarnows Angaben mit Archivmaterial von ca. 4.900 kg Gewicht gepackt. Die nach seinen Aussagen besonders wichtigen Teile, wie Siegelsammlung, Kataloge und die Kartothek, wurden in drei Kisten im Luftschutzkeller des Landeshauses untergestellt.[54] Glaubt man den Angaben von Georg Johannes, wurden diese drei zerstört, und es kamen angeblich 16 Kisten an der Universität Köln an.[55] Dies konnte bei Nachforschungen des Verfassers dort und auch beim Archiv des Rechtsnachfolgers der Rheinprovinz, dem Landschaftsverband Rheinland, nicht bestätigt werden. Das Esperanto Museum im Österreichischen Nationalmuseum, wohin

---

51   Nach einer mündlichen Information eines Sohnes von Paul Tarnow an den Verfasser.
52   Vgl. GER-Redaktion: S-ano Tarnow (wie Anm. 1).
53   Brief von Tarnow an Jakob, 1.5.1944 (wie Anm. 15).
54   Ebd., S. 2f.
55   Vgl. GER-Redaktion: S-ano Tarnow (wie Anm. 1).

Reste von Paul Tarnows Sammlung laut dem Buch „Esperanto ein Ausweg aus Babylon?" gelangt seien[56], verneinte dies gegenüber dem Verfasser. Somit ist die gesamte Weltsprachensammlung von Paul Tarnow verschollen.

Die selbstkritische Schilderung seiner Sammeltätigkeit, die Darstellung der Sicherstellung des Archivs und die Pläne zum weiteren Verbleib zeigen Tarnow noch einmal als enzyklopädisch Denkenden, als Netzwerker und Kommunikator.

Der Brief vom 1. Mai 1944 enthält am Schluss eine handschriftliche Ergänzung, die hauptsächlich Briefkontakte zu Freunden und Bekannten betrifft. Den Andeutungen lässt sich entnehmen, dass Tarnow auch im Krieg Kontakt mit Menschen unterschiedlichen Alters, unterschiedlicher Herkunft, Beruf und Interessen, Welt- sowie religiöser und politischer Anschauung hielt. Anzunehmen ist, dass diese – neben den familiären Beziehungen – der Spiegel seiner gefühlsmäßigen Bindungen sind. Darüber hinaus deuten sie, als Gesamtheit betrachtet, in ihrer Vielfalt und ihrem Pluralismus darauf hin, dass bei Paul

56 Vgl. Mattusch/Mattusch, Esperanto (wie Anm. 3), Abschnitt „Paul Tarnow (1881–1944)", S. 146.

Tarnow trotz schwieriger Lage manchmal noch das Lebensbejahende und Menschenfreundliche die Oberhand gewinnen konnte.

Zu einigen Briefpartnern gibt Vikipedio, die Esperanto-Version von Wikipedia, Auskunft:

Norbert Barthelmess (1897–1987); deutscher Journalist aus Düsseldorf; Esperantist, der einer überstaatliche Weltbürgerschaft in Zusammenhang mit der Arbeiterbewegung anhing und die entsprechende weltweite Organisation (S.A.T.) bzw. ihr Publikationsorgan öfter leitete; aus einer Künstlerfamilie kommend, besonders am Klavierspiel interessiert; im Krieg vom französischen Staat in ein Lager eingesperrt, danach Bankangestellter in Düsseldorf, dann von der Gestapo in ein Gefängnis in Nordfrankreich gebracht; anschließend für einen Sommer in ein deutsches Konzentrationslager verschleppt; von 1944 bis 1945 als Sanitäter eingezogen.[57]

(Paul Tarnow im o.g. Brief 1944 über Norbert Barthelmess: *Mit Barthelmess (S.A.T. Paris) verbindet mich enge Freundschaft, er lebte zuletzt in Düsseldorf, ist jetzt eingezogen und augenblicklich auf dem Wege zur Front.* – Durch Norbert Barthelmess muss Paul Tarnow auch über die Zustände in einem Konzentrationslager Bescheid gewusst haben.)

Karl Briegleb (1859–1945); Doktor phil. und Arzt aus Worms; erst Sprecher von Volapük, einem Vorläufer von Esperanto, dann Esperantist; propagierte Esperanto in antialkoholischen Gesellschaften[58]; verteidigte Carl Ludwig Schleichs Entdeckung einer unschädlichen, örtlichen Betäubung in einer flammenden Broschüre gegen Anfeindungen von Berufskollegen.[59] (Paul Tarnow im o.g. Brief über Karl Briegleb: *Dr. Briegleb (85 Jahre alt!)*

August Oskar Bünemann (1885–1958); lebte oft im Ausland, sprach 11 Sprachen und verstand weitere 4; war Pionier in der vegetarischen, freidenkerischen, pazifistischen und sozialistischen Bewegung; Mitarbeiter der *Enciklopedio de Esperanto*[60]

József Takács (1890–Oktober 1944); ungarischer jüdischer Zahnarzt; Redakteur mehrerer Esperanto-Periodika; langjährige Zusammenarbeit und Freundschaft mit Paul Tarnow; von ungarischen Faschisten in einer Gruppe, u.a. auch mit seiner Tochter, erschossen.[61]

Kurt Walther (gestorben am 3. Juli 1942); deutscher Esperantist; Ingenieur und Lehrer; Mitglied der NSDAP; versuchte 1933–1936 erfolglos, unterstützt von Paul Tarnow und Anderen, den Deutschen Esperanto-Bund und die Es-

---

57   Vikipedio, Art. „Norbert Barthelmess".
58   Vikipedio, „Karl Briegleb".
59   Carl Ludwig Schleich, Besonnte Vergangenheit, Berlin 1920, Kap. 16.
60   Vikipedio, Art. „August Oskar Bünemann".
61   Vikipedio, Art. „József Takács".

peranto-Bewegung in Deutschland mit weitgehenden Zugeständnissen an das Regime zu erhalten; nahm als Major am Krieg in Russland teil und fiel dort.[62]

(Paul Tarnow im o. g. Brief über Kurt Walther: *Walther ist als Major in Russland gefallen.* – Tarnow erwähnt auch einen Briefkontakt mit Frau Walther.)

Es ist schwer, die Widersprüchlichkeit zwischen den einzelnen Freunden und Gleichgesinnten zusammenzudenken mit Paul Tarnows Toleranz und Großherzigkeit, die sich schon in der Aufrechterhaltung der Brieffreundschaften und -kontakte zeigte. Schlüssel zum Verständnis ist nach Überzeugung des Verfassers, dass Paul Tarnow die Vision von der „Menschheitsfamilie" stark verinnerlicht haben muss.

8   Fazit

Paul Tarnows Leben ist Teil der großen Flut von Leid und Tod durch Weltkrieg und Völkermorde. Seine Zeitgenossen hatten das volle Recht zum Erzählen seines Schicksals mit dem Schwerpunkt auf dem tragischen Ende eines großherzigen Menschen. Sie konnten diese Seite von Paul Tarnows Leben viel klarer erspüren als der Verfasser, der, 1954 geboren, die Zeit nicht miterlebt hat.

Vielleicht musste mit den 70 Jahren so viel Zeit vergehen, um über das Verständnis der Zeitgenossen hinaus mit den neu gefunden Fakten, insbesondere aus den Gestapo-Akten, Paul Tarnows besonderen Eigenschaften und Leistungen nun in einem neuen Licht zu deuten. Neu deuten heißt: seinen Mut, seine Zivilcourage, sein damit gepaartes taktisches Geschick und seinen Großmut sich in der weltoffenen Stadt Düsseldorf zum Vorbild zu nehmen.

Der Verfasser plädiert dafür, sich für beide Sichtweisen zu öffnen. Eine durch ihn angeregte Straßenbenennung in Düsseldorf konnte bisher nicht realisiert werden.

Den Menschen Paul Tarnow zu ehren, heißt nicht ihn zu verehren: Die historischen Zeugnisse belegen die Menschlichkeit von Tarnows Handeln auch insofern, als er Entwicklungen falsch eingeschätzt, sich falsche Hoffnungen gemacht hat und seine eigene Hilflosigkeit zu spüren bekam. Der Untergang seines Archivs, den er nicht mehr erlebte, aber befürchtete, hatte nach seinem Maßstab der Freundschaftsbeziehungen sicher kein Gewicht verglichen mit der Ermordung seines jüdischen Freundes József Takács zwei Monate vor seinem eigenen Tod. Von der Ermordung erfuhr er nicht, hat sie möglicherweise aber wie sein eigenes Schicksal vorausgeahnt.

---

62   Vikipedio, Art. „Kurt Walther".

Nachträgliche Ergänzungen und Korrekturen, die meist in den folgenden Aufsatz auf Esperanto Eingang fanden:

- Der Titel des folgenden Artikels in Esperanto „Kolektanto, kiu spitis la naziojn", „der Sammler, der den Nazis trotzte" hebt stärker als der deutsche auf die Widerständigkeit Paul Tarnows ab.

- Was die Paul Tarnow erteilte Genehmigung zur Fortsetzung seiner Sammeltätigkeit angeht, so hat Dr. Ulrich Lins den Autor auf ein Eigeninteresse der Nationalsozialisten hingewiesen: Man suchte in den internationalen Esperantopublikationen nach Beweisen für ein jüdisches Streben nach Weltherrschaft.

- In Unkenntnis der Quelle von Hans Wingen hatte der Autor angenommen, dass das ganze Archiv von Paul Tarnow verschollen ist. Doch die 16 Kisten, die auf dem Weg zur Universitätsbibliothek Köln waren, sind tatsächlich dort angekommen und in den Bestand eingepflegt worden – wie Wingen belegt.

- Der Volapükist Johann Schmidt (1895-1977) schrieb Anfang 1966 in einem Brief: „ … was die Brief von Paul Tarnow betrifft, so waren sie so offen, dass er und jeder Empfänger jederzeit mit unangenehmen Folgen rechnen konnte. Dass Paul Tarnow keine Gefahr scheute, und viel für rassistisch Verfolgte getan hat, weiß ich ebenso."[11] – Dieser wichtige Brief war dem Autor nicht bei Drucklegung des „Düsseldorfer Jahrbuchs 85" bekannt.

Die zwei besonderen Sätze von Paul Tarnows Brief an die Gestapo vom 20. April 1940[12] (s.o.: 2. Briefseite, obere Mitte, S. 29) möchte ich wegen ihrer Wichtigkeit hier in normaler Buchstabengröße wiedergeben:

Wenn ich mich nochmals an Sie wende, so tue ich das aus dem inneren Drang heraus, diese meine Arbeit, welche ich nun schon seit über 34 Jahren mit größten Opfern an Zeit und Geld unter Erduldung von Verachtung und Beschimpfung und selbst Schutzhaft, aus rein idealen Gründen, selbstlos und ohne politische, religiöse und drgl. Note, nicht abbrechen zu müssen, da das zugleich auch das völlige Aufgeben dieser Arbeit bedeuten würde. Ich möchte auch darauf hinweisen, dass es keinen zweiten Deutschen gibt, welcher solch umfangreiche persönliche Freundschaftsbeziehungen in die meisten Länder besitzt wie ich und dass doch darauf gesehen werden müsste, solche Beziehungen aufrechtzuerhalten.

Wie unter einem Brennglas zeigt sich hier Paul Tarnows Haltung und lässt die Anregung zur Straßenbenennung gut verstehen.

---

[11] Brief von Schmidt an Ulrich Lins, 25.01.1966, Private Sammlung.
[12] Veröffentlichungsgenehmigung zum erneuten Abdruck des Briefes durch das Landesarchiv NRW, Abteilung Rheinland vom 25.08.2021.

3 Zweiter Aufsatz zu Paul Tarnow (Esperanto)

- Prologo

La sekvanta eseo estas resumo de la antaŭa en la germana. Tiu unua eseo estas plej-parte skribata en rakonta stilo. Ĝi ankaŭ okupiĝas pri la problemo ke Paul Tarnow ne estas perceptata kiel civitano, tuj kiam la kapvorto „Esperanto" estas menciata.

La bildoj de la germana eseo montras urbajn vidaĵojn (de urboj) kaj konstruaĵojn, kiujn Paul Tarnow ofte vidis: la ekon de sia naskiĝurbo el antaŭindustria loko en tiun kun pionira trafika sistemo. Plue videblas liaj studloko (la kastelon de la Velfoj en Hannover) kaj lia laborloko (la Düsseldorf-a "Provinca Administrejo": Landeshaus) – unue kiel belega konstraŭaĵo kaj poste detruita en 1944.

Kolektanto, kiu spitis la naziojn

27/02/2020 Militrakonto

   Paul Friedrich Wilhelm Tarnow naskiĝis en Barmen (nun parto de la urbo Wuppertal en Germanio) kaj tie pasigis sian junaĝon. La gepa-troj baptis lin „Friedrich Wilhelm » laŭ la tiama kronprinco, kiu portis la esperon de tiamaj liberaluloj. Plibonigoj de la urba infrastrukturo, ekzemple la laŭpaŝa elektrizado de stratlumoj, estis gravaj faktoroj de la urba evoluo. Kiel deksep-jarulo li observis la konstruadon de la pendfervojo de Wup-pertal. La perspektivo al daŭre kreskanta bon-stato kaj la deziro partopreni ĝian formadon, verŝajne estis grava motivo por li studi maŝinkonstruadon. La fervojo kiel motoro de la ekonomio kaj prospero certe influis lian ligon al Esperanto, ekzemple lian varbadon ĉe la fervoja administracio en Katovico kaj la decidon akcepti en 1912 la prezidantecon de Internacia Asocio de la Esperantistaj Fervojistoj.

Li lernis Esperanton en 1907 kiel studento en Hannover kaj ekaktivis intense en propagando kaj vojaĝo por Esperanto-rilataj aferoj, kion li detale komunikis en artikolo pri si mem en *Enciklopedio de Esperanto*.[1] Post la Ido-skismo li estis kunaŭtoro de broŝuro *La reforma demando* (Dresden, C. Heinrich, 1908). Ene de la militistaro kaj en preskaŭ ĉiu studenta korporacio oni kutimis sekvi naciajn antaŭjuĝojn. La ideo de interkompreniĝo per Esperanto estis alloga kontrasto kontraŭ tiaj pensmanieroj. Ĝi ŝajnis pli adekvata al la spirito en la epoko de tutmondiĝo ol pensado konforme al hereda malamikeco.

Sekve de instigoj ricevitaj dum la kongreso de Universala Esperanto-Asocio en Augsburg (1910) li ĉesis pri la propaganda aktivado kaj turnis sin al "la laboro de bibliografiado kaj kolektado, ne nur pri Esperanto, sed la tuta kampo de ĉiuj mondlingvoj!" (Komuniko de Tarnow, 1-5-1944). Tio estis eksterordinara, ĉar aliaj planlingvoj apenaŭ ludis socian rolon, kvankam estis inter ili severa konkurenca batalo sur teoria tereno.

En 1913 Tarnow trovis laboron ĉe la Regna Ŝipfarejo de Kiel (maldungita pro ties likvido baldaŭ post la unua mondmilito). En 1931 la familio Tarnow translokiĝis al Düsseldorf, kie li mem laboris kiel ŝtatoficisto en la kontrolado de ne moveblaj maŝi-noj por la Rejna Provinco.

Ankaŭ dum la milito li daŭrigis la kolektadon por sia mondlingva arkivo. Eĉ sub la militaj kondiĉoj li sukcesis ricevi ekzemplerojn de publikaĵoj el eksterlando. Tiamaniere li estis pli bone informita ol la plimulto de la esperantistoj en la Germana Regno.

Li edziĝis en 1917. Jarojn poste li skribis pri sia laboro por la arkivo, ke li ellitiĝis ĉiun matenon je la kvara horo kaj preskaŭ ne havis tempon por aliaj aferoj. Vane li serĉis aliajn interesitojn por sia projekto kaj lia edzino ne parolis Esperanton. Ankaŭ mon-donantojn li ne trovis; peto al riĉega usonanino, Alice Vanderbilt Morris (1874-1950), estis senrezulta. Li verkis plurajn kontribuaĵojn por *Enciklopedio de Esperanto* (1933/34), de kiu li estis unu el la ĉef-kunlaborantoj. Kune kun József Takács (1890-1944), hungaro kaj judo, profesie dentkuracisto, li kompilis en 1934 *Katalogon de Esperanto-gazetaro* (Jablonné nad Orlicí, Antonín Pražák, 1934*)*. Ambaŭ konis unu la alian ekde 1910 kaj estis amike interligitaj.

De aŭgusto ĝis decembro 1934 Tarnow estis prevente arestita de Gestapo pro (nepruvita) spionado. József Takács en 1935 verkis cirkuleron, en kiu li alvokis, ke oni skribu al la germana ŝtatestro, do Hitler. La alvokitaj personoj apelu, ke oni « reguligu la aferon [de Paul Tarnow] laŭ la principoj de justeco kaj humaneco ». Tarnow estis liberigita, sed mankis profesia kaj civila rehonorigo. Li ne rajtis plue labori. Finfine pro siaj propraj kontaktoj en la ŝtata aparato li povis reveni al la antaŭa statuso.

Krome li ricevis, post antaŭa oficiala peto, la permeson kompletigi sian kolekton. Sed li ne rajtis montri ĝin al aliaj personoj aŭ ĝin analizi. Intertempe Paul Tarnow fariĝis denove pli memfida kontraŭe al la tempo tuj post sia liberigo el la aresto, kiam li estis malgrasiĝinta kaj timigita.

Malgraŭ la permeso li kelkfoje estis vokita al la Gestapo-oficejo de Düsseldorf kaj devis doni klarigojn pri alskribitaj personoj kaj konfiskitaj revuoj. Je la komenco de 1940, pro la militaj kondiĉoj, oni malpermesis al li skribi al eksterlando en Esperanto. Li ankoraŭfoje provis trovi favoran regulon por la alsendaĵoj de eksterlando per apela letero al Gestapo. Siajn amikajn rilatojn en la tuta mondo (laŭ Takács temis pri 10.000 rilatoj) li prezentis kiel modelon. La ĉefsidejo de Gestapo en Berlino fine konfirmis la malpermeson al Tarnow havi kontakton eksterlanden en Esperanto. Ĝi proponis, ke eksterlande oni kolektu por li ĝis la fino de la milito kaj poste disponigu la materialojn. Ja la Gestapo havis intereson en tiu materialo kie troviĝis laŭ ĝi la pruvo pri la juda ambicio konkeri la mondon.

La aeratakoj al Düsseldorf kaj ekde 1943 apopleksioj afliktis lian vivon. Foje li ne povis iri al la kelo de sia domo dum aeratakoj pro sia korpa malkapablo. Ekde aŭtuno 1944 li tranoktis en sia laborejo, la Landeshaus, centra administraciejo de la Rejna Provinco, unu kilometron for de sia domo. Tie li povis iri en bombŝirman kelon per lifto. Sed en decembro 1944 li suferis plian, ĉi-foje mortigan apo-pleksion. Li ne eksciis, ke József Takács estis murdita fare de hungaraj faŝistoj en oktobro 1944.

Jam antaŭ lia unua apopleksio estis preparita la evakuado de la arkivo por eviti ĝian detruon dum militaj okazaĵoj. Tarnow interkonsentis kun la universitato de Kolonjo, ke ĝin transprenu la universitata biblioteko. 45 kestegoj estis plenigitaj kun ĉirkaŭ 4900 kilogramoj da arkiva materialo. Dum la evakuado – post lia morto – la plimulto estis detruita. La enhavo de 16 kestoj kun literaturo el la "mondlingva arkivo" de Paul Tarnow sukcesis eniri la stokon de la biblioteko.

En persona komuniko al la sviso Hans Jakob (1891-1967) de la 1-a de majo 1944 Tarnow skribis pri pluraj amikoj kaj konatoj. La diverseco, ĉefe rilate la mondkonceptojn, estis granda: inter ili estis la NSDAP-membro Kurt Walther (mortis 1942), la gvida SAT-funkciulo Norbert Barthelmess (1897-1987) kaj József Takács. Oni tion ne miskomprenu kiel moralan relativismon. Paul Tarnow konsekvence enigis en sian menson la vizion de Ludwik Lejzer Zamenhof pri « homara familio ». La volapukisto Johann Schmidt (1895-1977) skribis komence de 1966 en letero: « … koncerne la leterojn de Paul Tarnow, ili estis tiel malfermaj, ke li kaj ĉiu ricevanto ĉiutempe devis esti preparitaj por malagrablaj sekvoj. Ke Paul Tarnow ne timis danĝeron kaj faris multon por rasisme persekutataj personoj, mi ankaŭ scias.[2]«

Pro lia demokrata sinteno kaj civila kuraĝo, jam en aprilo 2003 al la urba registaro de Düsseldorf estis prezentita propono nomi straton laŭ Paul Tarnow. Ĝis nun neefektivigita.

Hans Bernd Ashauer-Jerzimbeck

La aŭtoro dankas al Harald Schmitz pro lia grava helpo eviti lingvajn erarojn.

Fonto
Maŝinskribita manuskripto sendita de Tarnow al Jakob
(1/05/1944).

Bibliografio

Jean Amouroux, "La Esperantista Dreyfus-afero", *Esperanto aktuell*, vol. 14, 1995, n-ro 8, p. 4–5.

Hans Bernd Ashauer-Jerzimbeck, "Bekenntnis zur Weltoffenheit und Menschen-freundlichkeit. Zur Erinnerung an den Esperantisten Paul Tarnow (1881–1944)", *Düssel-dorfer Jahrbuch. Beiträge zur Geschichte des Niederrheins*, vol. 85, 2015, p. 271-289.

Julia Isbrücker, "La sorto de Paul Tarnow", *La Praktiko*, vol. 19, 1955, n-ro 7/8, p. 110–111.

Georg Johannes, "S-ano Tarnow kaj liaj Esperantaj kolektaĵoj", *Germana Esperanto-Revuo*, vol. 8, 1955, p. 66.

Hans Wingen, "Publika Esperanto-libraro en Kolonjo", *Esperanto-Post,* vol. 6, 1953, n-ro 12, p. 138, kaj *Germana Esperanto-Revuo*, vol. 7, 1954, n-ro 1, p. 4.

[1] L. Kökény kaj V. Bleier (red.), *Enciklopedio de Esperanto*, represo, Budapest, Hungara Esperanto-Asocio, 1979, p. 537.

[2] Letero de Schmidt al Ulrich Lins, 25-1-1966, privata kolekto.

Bildo
Anselm Kiefer, *Zweistromland*, 1981-1985, Fotis Astrup Fearnley Museet, Oslo.

- Komplemento

Mi volas montri du frazojn el la letero de Paul Tarnow al la Gestapo de la 20a de aprilo 1940 sen mallongigo pro ilia graveco:

> Kiam mi ankoraŭfoje turniĝas al vi, tiam mi faras tion el la interna premo, tiu laboro mia, kiun mi nun jam faris pli longe ol 34 jaroj kun la plej grandaj oferoj rilate tempon kaj monon sub suferado de malestimo kaj insulto kaj mem protek-taresto, el pure idealaj kaŭzoj, neprofitema kaj sen politika, religia kaj simila mo-tivoj, ne estas devigata ĉesigi, ĉar tio signifus same fini tiun laboron entute.
>
> Mi volas indiki, ke certe ne estas dua germano, kiu havas tiom multe da personaj amikaj rilatoj en la plejmulton da landoj kiel mi kaj ke oni do devus zorgi daurigi tiajn rilatojn.

Severe ekzamenante la sintenon de Paul Tarnow ĉi-tie, permesas kompreni la iniciaton nomi straton laŭ li.

4 Benennung einer Düsseldorfer Straße nach Paul Tarnow

Ein „Beirat der Stadt Düsseldorf" wurde Anfang 2018 eingerichtet und Anfang 2020 legten die ihm zugehörigen Historiker einen „Abschlussbericht zur Überprüfung Düsseldorfer Straßen- und Platzbenennungen" vor. Darin wurde auf den Seiten 316-318 folgende „Präambel Straßenbenennungen" vorgeschlagen (Auszug):

„… Gewürdigt wird die gesamte Lebensleitung einer Persönlichkeit. Verbunden mit dieser Ehrung ist neben der Würdigung der Person und ihrer Leistung vor allem der Vorbildcharakter für die Bürgerinnen und Bürger: Die geehrte Person sollte dem Leitgedanken der Landeshauptstadt von Weltoffenheit, Toleranz und Menschlichkeit nicht entgegenstehen. Jüngere Generationen müssen in der geehrten Person einen Vorbildcharakter für ein gesamtstädtisches Gemeinwesen erkennen können. …"

Das hätte aus dem Vorschlag, den der Autor vor 18 Jahren der Stadt Düsseldorf bzgl. der Straßenbenennung über Paul Tarnow sandte, abgeschrieben sein können!

Wenn Paul Tarnow Bedeutung hat, dann für die gesamte Stadt. Das spricht dafür, dass eigentlich der Rat über die Benennung einer Straße nach Paul Tarnow die Entscheidung zu treffen hat. (Bisher ist jedoch immer eine Bezirksvertretung zuständig erklärt worden.)

Man muss nun zugeben, dass zwischen 2003 und 2015 keine Biografie vorlag, sondern allein die Gestapo-Akte. Es waren relativ wenige Fakten, die noch kein Bild von seiner Person entstehen lassen konnten. Die – vom Autor vermutete – Zuständigkeit des Rates hätte also schon aus diesem Grund keinen Automatismus Richtung Straßenbenennung enthalten. Ab 2015 ist dieses Defizit beseitigt.

Es bleibt noch die Notwendigkeit, eine Ratspartei für den Impuls zu einer Neubenennung zu finden. Doch ist zu bedenken, dass hier keine Wahl zwischen Bezirksvertretung und Rat der Stadt besteht: Es ist eine gesetzliche Vorschrift.[13]

Auch wenn Biografien keinen Anspruch auf Objektivität erheben, können sie einen Eindruck von der Person vermitteln. Das geht darüber hinaus, zu welchen Gruppen z. B. den Esperanto Sprechenden oder gut verdienenden, angesehenen Beamten der Weimarer Zeit und unter dem Nationalsozialismus, Paul Tarnow gehörte.

Auch was an Verhalten und Aktivitäten Auskunft gibt, macht das Bild von seiner Person nicht rund. Dieses kommt eher zustande durch ein Erkennen, dass ihre persönliche Entwicklung sich über Jahrzehnte hinweg als schlüssig zeigte.

Alle, die von einer Biografie solche Einsichten erwarten, mögen sich von dieses Büchlein angesprochen fühlen. Ein Brief der Stadtverwaltung vom 14.10.2021 wies noch einmal darauf hin, dass es – zusammengefasst – um einen ergebnisoffenen, „demokratischen Entscheidungsprozess der zuständigen politischen Gremien" handelt. Diese Auskunft schließt nicht die Türen und berührt bürgerschaftliches Handeln.

Es war Handeln aus der Bürgerschaft heraus, dass die Einsetzung des Beirats der Stadt Düsseldorf und seinen Abschlussbericht bewirkte. „Bürgerinitiative" ist aber auch die Klärung der geschichtlichen Bedeutung eines Düsseldorfer Bürgers in Privatinitiative,

---

[13] § 1 Abs. 1 Zuständigkeitsordnung Düsseldorf 17.003 „Der Rat entscheidet in den ihm gemäß § 41 Abs. 1 GO und sonstigen gesetzlichen Vorschriften vorbehaltenen Angelegenheiten. Er entscheidet insbesondere über" Punkt 10: „die Benennung von Straßen, wenn die Bedeutung der Angelegenheit wesentlich über einen Stadtbezirk hinausgeht, sowie die Umbenennung von Straßen …"

wie hier bezüglich Paul Tarnow. Liest man die Alternativvorschläge (Anhang 1), kann man den Eindruck gewinnen, dass er sich bei diesen Personen nicht nur in guter, sondern auch passender Gesellschaft befindet.

So ist das Argument schlüssig, eine Straßenbenennung nach ihm auch in eine zeitliche Nähe zu den Umbenennungen zu rücken. Argumente zu finden, die die „zuständigen politischen Gremien" überzeugen könnten, ist das Thema dieses Büchleins.

//

4 Nomado de Düsseldorf-a strato laŭ Paul Tarnow

„Kooperativa konsilaro de la urbo (de) Düsseldorf" estis instalita komence de 2018 kaj komence de 2020 la historiistoj kiuj apartenis al ĝi prezentis „Finan raporton pri la kontrolado de Düsseldorf-aj nomadoj de stratoj kaj placoj". En tiu raporto estis proponita la sekvanta „Preamblo nomado de stratoj" sur la paĝoj 316-318 (ekstrakto):

„... Aprezata estas la tuta vivpresto de persono (elfaro de la vivo de personeco). Konektata kun tiu honorigo estas – krom la omaĝo de la persono kaj lia presto (elfaro) – lia taŭgeco kiel modelo por la civitaninoj kaj civitanoj: La honorigita persono ne devas kontraŭi la centran ideon de la provinca ĉefurbo (tio estas Düsseldorf) de malfermeco al la mondo, toleremo kaj humaneco. Pli junaj generacioj devas esti kapablaj percepti la honorigatan personon kiel ekzemplon por la tuturba civito. ..."

Ĉi-tiu citaĵo povus esti ankaŭ kopio el la propono, kiun la aŭtoro sendis al la administracio de Düsseldorf rilate la nomadon de strato laŭ Paul Tarnow!

Se Paul Tarnow havas gravecon, tiam por la tuta urbo. Por tio atestas, ke fakte la konsilaro devas decidi pri nomado de strato laŭ Paul Tarnow. (Tamen ĝis nun ĉiam kvartala reprezentado estis deklarita respondeca.)

Oni devas koncedi ke inter 2003 kaj 2015 biografio ne ekzistis, sed nur Gestapo-akto. Estis relative malmulte da faktoj, kiuj ne povis krei bildon de lia persono. Do la respondeco de la konsilaro – konjektita de la aŭtoro – ne estus kreinta aŭtomatismon en direkto al la nomado de strato. Sed tiu deficito estas forigita jam de ses jaroj.

Restas ankoraŭ la neceso trovi partion de la konsilaro por doni impulson al nova nomado. Sed oni devas pripensi ke ĉi-tie ne ekzistas elekto inter kvartala respondeco kaj la konsilaro de la urbo: Estas leĝa reglamento.[14]

Eĉ se biografioj ne pretendas posedi objektivecon, ili povas peri impreson de la persono. Tio estas pli ol informi, al kiuj grupoj Paul Tarnow apartenis, ekzemple al tiu de la Esperanto parolantoj aŭ de la bone enspezintaj, prestiĝaj oficistoj de la Vajmara Respubliko kaj eĉ de la naziisma socio. Ankaŭ tio kion liaj konduto kaj aktivaĵoj montras ne liveras

---

[14] § 1 alineo 1 „Ordo de Respondeco Düsseldorf" 17.003 „La konsilaro decidas en tiuj aferoj, kiuj estas rezervitaj al ĝi laŭ § 41 alineo 1 ‚Ordo de Komunumo' kaj alia leĝaj normoj. Ĝi decidas speciale pri" Punkto 10: „la nomado de stratoj, se la graveco de la afero transiras esence kvartalon de la urbo kaj la alinomado de stratoj ..."

kompletan bildon. Tiu ekestas prefere per la ekkono ke la disvolviĝo de lia personeco montriĝis kiel plenkonvinka en la senco, ke ĝi sekvis la logikon de la psikologio.

Ĉiuj kiuj atendas tiajn ekkonojn de biografio, estas adresatoj de tiu libreto. Letero de la urba administrejo de la 14a oktobro 2021 ankoraŭfoje atentigis al la fakto, ke temas – rezumite – pri „demokrata decidproceso de la respondecaj politikaj komitatoj" kun malferma rezulto. Tiu informo ne malfermas la pordojn kaj tuŝas civitan agadon.

Tiu agado ankaŭ instigis la oficialan takson de Düsseldorfaj stratoj inter 2018 kaj 2020 kaj la alternativajn proponojn por la alinomado. „Civitana iniciativo" estas ankaŭ la klarigo de la historia signifo de Düsseldorfa civitano per privata iniciativo, kiel ĉi-tie rilate Paul Tarnow.

Se oni legas la alternativajn proponojn (Apendico 1), oni povas havi la impreson, ke li sin trovas inter tiuj personoj ne nur en bona, sed ankaŭ konvena kompanio.

Tiel la argumento estas konkluda, nomi straton laŭ li baldaŭ post la alinomadoj.

Trovi argumentojn, kiuj povus konvinki la „respondecajn politikajn komitatojn", estas la temo de tiu-ĉi libreto.

Anhänge/Apendicoj (Kommentierte Quellen teils in Esperanto)

Die Anhänge 1 bis 3 belegen und illustrieren Aussagen der obigen Kapitel eins bis vier. Die Anhänge 4 und 5, die nur in Esperanto geschrieben und kommentiert sind, ergänzen und relativieren das Wissen, seit der Mitte der 1950er Jahre in der Esperantoforschung als gesichert angesehen wird.

//

La apendicoj 1 ĝis 3 atestas kaj ilustras la propozicioj de la subaj ĉapitroj unu ĝis kvar. La apendicoj 4 kaj 5, kiuj estas skribitaj kaj komentitaj en Esperanto, aldonas kaj relativas scion, kio estas estimata certa en la Esperanto komunumo depost la mezo de la 1950-a jaroj.

Anhang 1: Alternative Namen für die umzubenennenden Straßen

Folgende Alternativen empfahl der Beirat in seinem Abschlussbericht zur Umbenennung.

1. Günter Stüttgen - Mediziner, der im 2. Weltkrieg konsequent die Menschenrechte auch der gegnerischen Soldaten an der Front berücksichtigte.

2. Hilde Neyes, deren Name zu dem ihres Mannes Joseph auf dem schon existierenden Straßenschild geschrieben werden soll. Das Paar begab sich 1944/45 sich in Lebensgefahr begab, um Verfolgten Schutz zu bieten.

3. Selma Meyer – Eine fachlich hoch-engagierte und respektierte, jüdische Düsseldorfer Ärztin, die noch in die USA emigrieren konnte.

4. Otto Piene - Mitbegründer der Künstlergruppe „Zero".

5. Hedwig Jung-Danielewicz - Eine der ersten deutschen Medizinerinnen; sie wurde als Jüdin nach Weißrussland deportiert und dort umgebracht.

6. Cilly Helten - Eine Düsseldorferin, die Kommunistin war, Frauen liebte und drei Jahre KZ-Haft überlebte.

7. Oskar Manes - Ein Düsseldorfer, der zu den Honoratioren der Stadt gehörte, da er den Einzelhandel der Stadt förderte. Als Jude wurde er in hohem Alter 1942 deportiert und überlebte die Fahrt schon nicht.

8. Hulda Pankok – Engagierte Ehefrau von Otto Pankok, erhielt 1936 als Redakteurin des „Düsseldorfer Stadtanzeigers" Berufsverbot, bot zusammen mit Ihrem Mann einem anderen Künstlerpaar Schutz.

9. Dagobert David – Als Prokurist und später Mitinhaber einer Bank wurde er wegen „Devisenvergehen" 1937 verhaftet und kam in der Untersuchungshaft zu Tode.

10. Waldemar Spier – Zahnarzt, der nach der Progromnacht für einen Monat in das KZ Dachau gebracht und im Herbst 1944 nach Ausschwitz deportiert wurde, wo er sechs Wochen nach der Befreiung an den vorherigen Haftbedingungen starb.

///

Apendico 1: Alternativaj nomoj por la alinomendaj stratoj

La sekvantajn nomojn la „Kooperativa konsilaro" rekomendis kiel alternativon en ĝia fina raporto por la alinomadoj:

1. Günter Stüttgen - kuracisto, kiu respektis konsekvence la homajn rajtojn ankaŭ de malamikaj soldatoj je la frontlinio.

2. Hilde Neyes - kies nomo estu skribota apud la nomo de ŝia edzo Joseph sur jam ekzistantan stratŝildon. La paro sin metis en mortdanĝeron en 1944/45 por ebligi protekton al persekutitoj.

3. Selma Meyer - Fake tre engaĝita, respektita juda kuracistino el Düsseldorf, kiu povis/sukcesis ankoraŭ elmigri al Usono.

4. Otto Piene - Kunfondinto de la artista grupo „Zero".

5. Hedwig Jung-Danielewicz – Unu el la unuaj germanaj kuracistinoj: estinte judino ŝi estis deportita al la tiama okupita Belorusio kaj tie estis murdita.

6. Cilly Helten - el Düsseldorf, estinte komunistino, amis virinojn kaj postvivis tri jarojn en koncentrejo.

7. Oskar Manes - Düsseldorf-ano kiu apartenis al la cirklo de Düsseldorf-aj personoj kiuj estas honorigitaj, ĉar li subtenis la detalkomercon. Estinte judo, li estis deportita – grandaĝa - en 1942 kaj eĉ ne travivis la deportveturon.

8. Hulda Pankok - engaĝita edzino de Otto Pankok, estis punita en 1935 kiel redaktistino de la „Düsseldorfer Stadtanzeiger" per profesia malpermeso, protektis alian artistan paron kune kun sia edzo.

9. Dagobert David - Kiel prokuristo kaj poste kun-posedanto li estis arestita pro „deliktoj pri devizoj" en 1937 kaj pereis en la "aresto pro esploro".

10. Waldemar Spier – dentkuracisto kiu estis transportita al la koncentrejo de Dachau post la progromnokto kaj deportita al Auschwitz, kie li mortis ses semajnojn post la liberigo pro la antaŭaj arestkondiĉoj.

Anhang 2: Zeitungsartikel aus der „Westdeutschen Zeitung" vom 27. Januar 2010[15]

Eine Straße für den Freigeist

EHRUNG Paul Tarnow hatte eines der größten Archive für Esperanto aufgebaut – gegen alle Widerstände. Jetzt soll eine Straße nach ihm benannt werden.

Von Marion Seele-Leichert

Esperanto ist eine Kunstsprache, die leicht zu erlernen ist und der weltweiten Verständigung dienen soll. Paul Tarnow war Esperantist und Kosmopolit und hatte Verbindungen zu mehr als 10 000 Esperanto sprechenden Menschen auf der ganzen Welt. Doch Internationalität passte nicht in die Zeit des Nationalsozialismus und so gehörte Tarnow zu jenen, die von den Nazis verfolgt und von der Gestapo 1934 willkürlich inhaftiert wurden. Um an den weltoffenen und gastfreundlichen Tarnow zu erinnern, soll nun eine Düsseldorfer Straße nach ihm benannt werden.

Hans Bernd Ashauer-Jerzimbeck vom Esperanto-Landesverband NRW hatte die Initiative dazu ergriffen, das ist allerdings schon Jahre her. 2003 hatte das Amt für Verkehrsmanagement ihm schriftlich zu seinem Antrag mitgeteilt, dass der Vorschlag „besondere Beachtung findet". Aber erst jetzt kommt Bewegung in die Sache: Heute wird die Bezirksvertretung 6, zuständig für Lichtenbroich, Mörsenbroich, Rath und Unterrath, darüber beraten. Schließlich hat der Bezirk in diesem Jahr vier neue Straßen zu benennen: Drei in der neuen Gartenstadt der ehemaligen Reitzensteinkaserne, eine in der Nähe der Straße An der Piwipp.

Heinz-Günter Strerath, Leiter der Bezirksverwaltungsstelle, ist zuversichtlich, dass schon Ende Februar die Entscheidung über die Namensgebung fallen könnte:

Sehen Paul Tarnow als Vorbild: Sohn Herbert (l.) und Initiator Hans Bernd Ashauer-Jerzimbeck.   Foto: Bernd Nanninga

„Wir haben zehn Vorschläge für vier neue Straßennamen, Tarnow gehört dazu!".

Darüber würde sich auch Paul Tarnows Sohn Herbert (82), freuen, der selbst allerdings nicht am Antrag zur Straßenbenennung beteiligt ist: „Mein Vater hat sein ganzes Leben der Völkerverständigung gewidmet, wenn er von der Arbeit kam, kümmerte er sich um sein Archiv und die Esperantisten", erinnert er sich.

1934 wurde Tarnow von der Gestapo verhaftet

Ashauer-Jerzimbeck kann kaum glauben, dass er mit seinen Bemühungen dem Ziel plötzlich so nahe sein soll: „Das wäre wunderbar, wenn Tarnow gewürdigt würde, in Erinnerung und als Vorbild." Paul Tarnow habe sich schließlich durch den Aufbau eines der damals größten Weltsprachen-Archive und vielen Kontakten weltweit in der Esperanto-Bewegung für die Völkerverständigung eingesetzt: „Ein Vorbild an Mut und Zivilcourage."

So schrieb Tarnow trotz mehrmonatiger Gestapo-Haft im April 1940 in einem Brief an die Staatspolizeistelle Düsseldorf: „Wenn ich mich nun nochmals an Sie wende, so tue ich das aus dem inneren Drange heraus, diese meine Arbeit, welche ich nun schon seit über 34 Jahren mit größten Opfern an Zeit und Geld unter Erduldung von Verachtung, Beschimpfung und selbst Schutzhaft, aus rein idealen Gründen, selbstlos und ohne jede politische und religiöse Note durchgeführt habe, nicht abbrechen zu müssen, da das zugleich das Aufgeben dieser Arbeit bedeuten würde."

Tarnow sei für seine Überzeugung ein hohes Risiko eingegangen: „Damals war es nur erlaubt, idealistisch und selbstlos zu handeln, wenn man sich für nationalsozialistische Weltanschauung einsetzte, Neutralität war verpönt", erklärt Ashauer-Jerzimbeck. „Es ist an der Zeit, sich an jene zu erinnern, die so mutig waren – es waren nicht viele."

■ LEBENSWEG

Paul Tarnow.   Repro: BN

VITA Paul Tarnow wurde 1881 in Wuppertal geboren. Der Diplom-Ingenieur zog 1931 mit Frau und vier Kindern nach Düsseldorf.

WERK Er baute eines der damals größten Weltsprachen-Archive auf. 1934 wurde er wegen Spionageverdachts verhaftet. Trotz Rehabilitierung, litt er weiter unter Feindseligkeiten. Er starb 1944 an einem Schlaganfall. Sein Werk wurde durch einen Luftangriff größtenteils zerstört. Die Reste wurden dem Esperanto-Museum in Wien vermacht.

---

[15] Abdruckerlaubnis durch die „Westdeutsche Zeitung" vom 26.08.2021.

Apendico 3: Hektografita informilo de Jozefo Tarkacz kun la apelacio skribi al la germana ŝtatestro por la rehabilito de Paul Tarnow

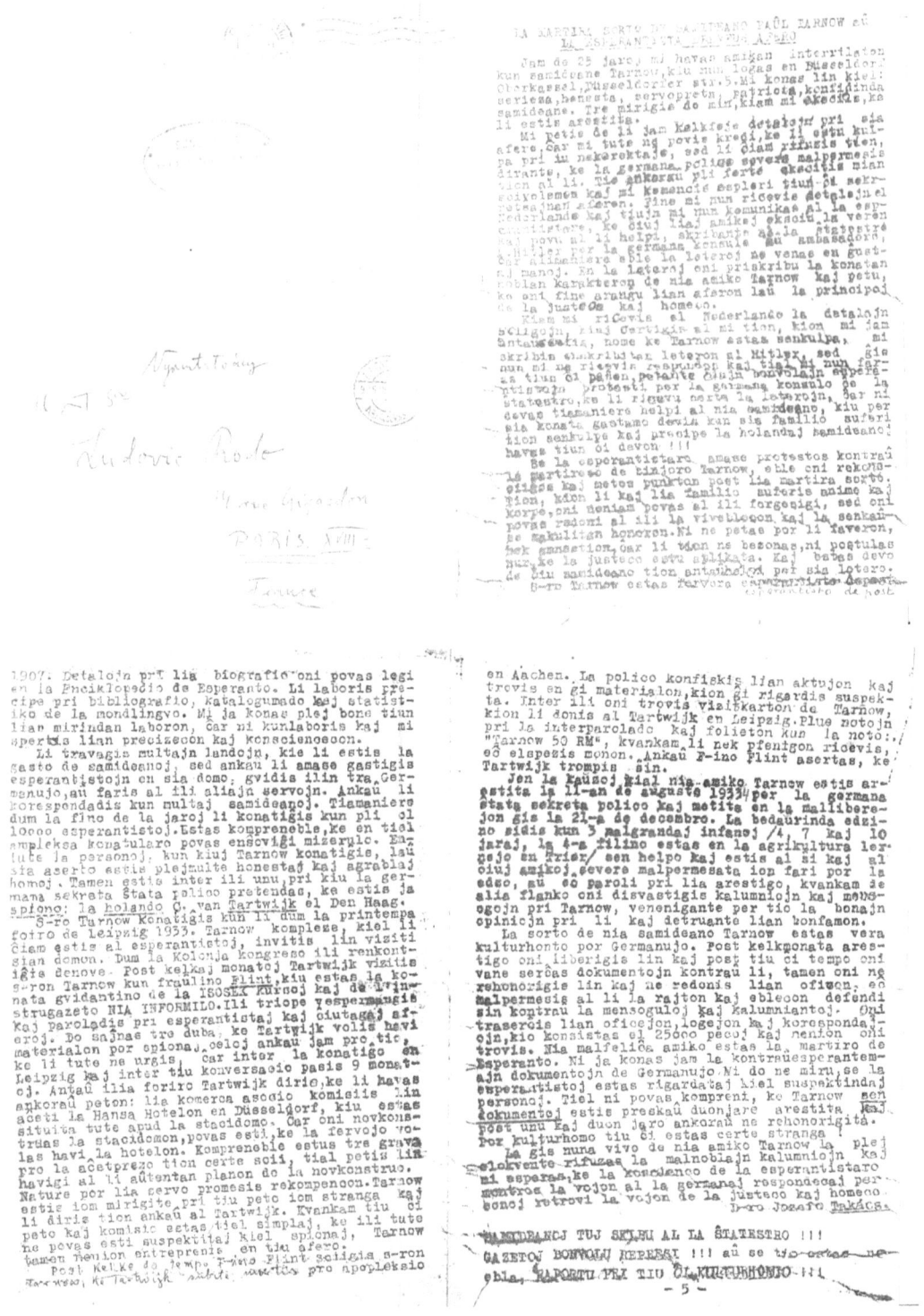

La adresato de tiu letero estis Ludovic-Rodolphe Pissarro (ankaŭ intermite „Rodo" kiel familia nomo), pentristo kaj filio de la impresionisto Camille Pissarro. La poŝtmarko montras la daton: 9-a de novembro 1935.

42

LA MARTIRA SORTO DE SAMIDEANO PAŬL TARNOW aŭ La ESPERANTISTA DREYFUS AFERO

Jam de 25 jaroj mi havas amikan interrilaton kun samideano Tarnow, kiu nun loĝas en Düsseldorf Oberkassel, Düsseldorfer Str. 5. Mi konas lin kiel: serioza, honesta, servopreta, patriota, konfidinda samideano. Tre mirigis do min, kiam mi eksciis, ke li estis arestita.

Mi petis de li jam kelkfoje detalojn pri sia afero, ĉar mi tute ne povis kredi, ke li estu kulpa pri iu nekorektaĵo, sed li ĉiam rifuzis tion, dirante, ke la germana polico severe malpermesis tion al li. Tio ankoraŭ pli forte ekscitis mian scivolemon kaj mi komencis esplori tiun-ĉi sekretŝajnan aferon. Fine mi nun recevis detalojn el Nederlando kaj tiujn mi nun komunikas al la esperantistaro, ke ĉiuj liaj amikoj eksciu la veron kaj povu al li helpi, skribante al la ŝtatestro A. Hitler per la germana konsulo aŭ ambasadoro, ĉar alimaniere eble la leteroj ne venas en ĝustaj manoj. En la leteroj oni priskribu la konatan noblan karakteron de nia amiko Tarnow kaj petu, ke oni fine aranĝu lian aferon laŭ la principoj de la justeco kaj homeco.

Kiam mi ricevis el Nederlando la detalajn sĉiigojn, kiuj certigis al mi tion, kion mi jam antaŭsentis, nome ke Tarnow estas senkulpa, mi skribis enskribitan leteron al Hitler, sed ĝis nun mi ne ricevis repondon kaj tial mi nun faras tiun ĉi paŝon, petante ĉiujn bonvolajn esperantistojn protesti per la germana konsulo ĉe la statestro, ke li ricevu certe la leterojn, ĉar ni devas tiamaniere helpi al nia samideano, kiu per sia konata gastamo devis kun sia familio suferi tion senkulpe kaj precipe la holandaj samideanoj havas tiun ĉi devon!!!

Se la esperantistaro amase protestos kontraŭ la martireco de sinjoro Tarnow, eble oni rekonsciiĝos kaj metos punkton post lia martira sorto. Tion, kion li kaj lia familio suferis anime kaj korpe, oni neniam povas al ili forgesigi, sed oni povas redoni al ili vivebleccon kaj la senkaŭze makulitan honoron. Ni ne petas por li favoron, ne amnestion, ĉar li tion ne bezonas, ni postulas nur, ke la justeco estu aplikata. Kaj estas devo de ĉiu samideano tion antaŭhelpi per sia letero.

S-ro Tarnow estas fervora esperantisto de post 1907. Detalojn pri lia biografio oni povas legi en la Enciklopedio de Esperanto. Li laboris precipe pri bibliografio, katalogumado kaj statistiko de la mondlingvo. Mi ja konas plej bone tiun lian mirindan laboron, ĉar ni kunlaboris kaj mi spertis lian precizecon kaj konsciencecon.

Li travagis multajn landojn, kie li estis la gastoj de samideanoj, sed ankaŭ li amase gastigis esperantistojn en sia domo, gvidis ilin tra Germanujo, aŭ faris al ili aliajn servojn. Ankaŭ li korespondadis kun multaj samideanoj. Tiamaniere dum la fino de la jaroj li konatiĝis kun pli ol 10.000 esperantistoj. Estas komprenebele, ke en tiel kompeksa konatularo povas enŝoviĝi mizerulo. Entute la personoj, kun kiuj Tarnow konatiĝis, laŭ lia aserto estis plejmulte honestaj kaj agrablaj homoj. Tamen estis inter ili unu, pri kiu la germana sekreta ŝtata polico pretendas, ke estis ja spiono: la holando C. van Tartwijk el Den Haag.

S-ro Tarnow konatiĝis kun li dum la printempa foiro de Leipzig 1933. Tarnow kompleze, kiel li ĉiam estis al esperantistoj, invitis lin viziti sian domon. Dum la Kolonja kongreso ili renkontiĝis denove. Post kelkaj monatoj Tartwijk vizitis s-ron Tarnow kun fraŭlino Flint, kiu estas la konata gvindantino de la ISOSEK kursoj kaj de la instrugazeto NIA INFORMILO. Ili triope vespermanĝis kaj parolis pri esperantistaj kaj ĉiutagaj aferoj.

43

Do ŝajnis tre duba, ke Tartwijk volis havi materialojn por spionaj celoj ankaŭ jam pro tio, ke li tute ne urĝis, ĉar inter la konatiĝo en Leipzig kaj inter tiu konservacio pasis 9 monatoj. Antaŭ ilia foriro Tartwijk diris, ke li havas ankoraŭ peton: lia komerca asocio komisiis lin aĉeti la Hansa Hotel en Düsseldorf, kiu estas situita tute apud la stacidomo. Ĉar oni novkonstruis la stacidomon, povas esti, ke la fervojo volas havi la hotelon. Kompreneble estus tre grava por la aĉetprezo tion certe scii, tial petis li havigi al li planon de la novkonstruo.

Nature por lia servo promesis rekompenson. Tarnow estis iom mirigite pri tiu peto iom stranga kaj lie diris tion ankaŭ al Tartwijk. Kvankam tiu ĉi peto kaj komisio estas tiel simplaj, ke ili tute ne povas esti suspektitaj kaj spionaj, Tarnow tamen nenion entreprenis en tiu afero.

Post kelke da tempo f-ino Flint sciigis s-ron Tarnow, ke Tartwijk subite mortis pro apopleksio en Aachen. La polici konfiskis lian aktujon kaj trovis en ĝi materialon, kion ĝi rigardis suspekta. Inter ili oni trovis vizitkarton de Tarnow, kion li donis al Tartwijk en Leipzig. Plue notojn pri la interparolado kaj folieton kun la noto: „Tarnow 50 RM“, kvankam li nek pfenigon ricevis, eĉ elspezis monon. Ankaŭ F-ino Flint asertis, ke Tartwijk trompis ŝin.

Jen la kaŭzoj kial nia amiko Tarnow estis arestita la 11-an de aŭgusto 1934 per la germana ŝtata sekreta polico kaj metita en la malliberejon ĝis la 21-a de decembro. La bedaŭrinda edzino sidis kun 3 malgrandaj infanoj /4, 7 kaj 10 jaraj, la 4-a filino estas en la agrikultura lernejo en Trier/ sen helpo kaj estis al ŝi kaj al ĉiuj amikoj, severe malpermesata ion fari por la edzo, aŭ eĉ paroli pri lia arestigo, kvankam la alia flanko oni disvastigis kalumniojn kaj mensagojn pri Tarnow, venenigante per tio la bonajn opiniojn pri li kaj detruante lian bonfaman.

La sorto de nia samideano Tarnow estas vera kulturhonto per Germanujo. Post kelkmonata arestigo oni liberigis lin kaj post tui ĉi tempo oni vane serĉas dokumentoj kontraŭ li, tamen oni ne rehonorigis lin kaj ne redonis lian oficon, eĉ malpermesis al li la rajton kaj eblecon defendi sin kontraŭ la mensoguloj kaj kalumiantoj. Oni traserĉis lian oficejon, loĝejon kaj korespondaĵojn, kio konsistas el 25000 pecoj kaj nenion oni trovis. Nia malfeliĉa amiko estas la martiro de Esperanto. Ni ja konas jam la kontraŭesperantemajn dokumentojn de Germanujo. Ni do ne miru, se la esperantistoj estas rigardata kiel suspektindaj personoj. Tiel ni povas kompreni, ke Tarnow <u>sen dokumentoj</u> estis preskaŭ duonjare arestita kaj post unu kaj duon jaro ankoraŭ ne rehonorigita.

Por kulturhomo tiu ĉi stas certe stranga!

La ĝis nuna vivo de nia amiko Tarnow la plej elokvente rifuzas malnoblajn kalumniojn kaj mi esperas, ke la konscienco de la esperantistaro montros la vojon al la germanaj respondecaj personoj retrovi la vojon de la justeco kaj homeco.   D-ro Jozefo Takacz

SAMIDEANOJ TUJ SKRIBU AL LA ŜTATESTRO !!!
GAZETOJ BONVOLU REPRESI !!! aŭ se tio ne estas ebla,
RAPORTU PRI TIU ĈI KULTURHONTO !!!

Anhang 3: Hektografiertes Rundschreiben von József Tarkácz mit dem Aufruf, zur Rehabilitierung von Paul Tarnow an den deutschen Staatschef zu schreiben

DAS MÄRTYRERSCHICKSAL DES GLEICHGESINNTEN[16] PAUL TARNOW O-
DER DIE ESPERANTISTISCHE DREYFUß-AFFÄRE

Schon seit 25 Jahren habe ich freundschaftliche Beziehungen zu dem Gleichgesinnten Paul Tarnow, der nun in Düsseldorf-Oberkassel, Düsseldorfer Str. 5 wohnt. Ich kenne ihn als seriösen, ehrlichen, hilfsbereiten, patriotischen, vertrauenswürdigen Gleichgesinnten. Sehr wunderte es mich, als ich erfuhr, dass er verhaftet worden ist.

Ich bat schon mehrmals um Details über seine Affäre, weil ich überhaupt nicht glauben konnte, dass er sich irgendeiner Unkorrektheit schuldig gemacht haben könnte; sondern er verweigerte sich dessen, mit der Erklärung, dass die deutsche Polizei ihm dies ernsthaft verboten hat. Dies verstärkte zusätzlich meine Neugierde und ich begann diese scheinbar geheimnisvolle Angelegenheit zu erforschen. Endlich erfuhr ich aus den Niederlanden Einzelheiten und diese kommuniziere an die Esperantoschaft, damit alle seine Freunde die Wahrheit erfahren und ihm helfen können, indem sie an den Staatschef A. Hitler über das deutsche Konsulat oder die deutsche Botschaft schreiben, weil andernfalls die Briefe möglicherweise nicht in die richtigen Hände kommen. In den Briefen soll man den noblen Charakter unseres Freundes Tarnow beschreiben und bitten seine Affäre nach den Prinzipien der Gerechtigkeit und Menschlichkeit regeln.

Als ich aus den Niederlanden die Einzelheiten erfuhr, die bestätigten, was ich schon vorher gedacht hatte, nämlich dass Tarnow unschuldig ist, schrieb ich einen Brief an Hitler, aber bis jetzt erhielt ich keine Antwort und darum tue ich diesen Schritt und bitte jeden wohlmeinenden Esperantisten, über das deutsche Konsulat beim Staatschef zu protestieren, damit er sicher die Briefe erhält, weil wir auf diese Weise unserem Gleichgesinnten helfen müssen, der durch seine bekannte Gastfreundschaft mit seiner Familie dies unschuldig erleiden muss und besonders die holländischen Gleichgesinnten haben diese Pflicht!!!

Wenn die Esperantoschaft zuhauf gegen das Martyrium des Herrn Tarnow protestiert, kommt man vielleicht zu Bewusstsein und setzt dem Märtyrerschicksal ein Ende. Das, was er und seine Familie seelisch und körperlich erlitten, kann man ihnen niemals vergessen, sondern ihnen die Lebensmöglichkeit und grundlos genommene Ehre wiedergeben. Wir erbitten für ihn nicht Gnade noch Amnestie, wir fordern nur, dass das Recht angewendet wird. Und es ist die Pflicht jedes Gleichgesinnten zur Hilfe mit seinem Brief beizutragen.

Herr Tarnow ist seit 1907 ein glühender Esperantist. Einzelheiten seiner Biografie kann man in der „Esperanto-Enzyklopädie" lesen. Er arbeitete hauptsächlich an der Bibliografie, Katalogisierung und Statistik der Weltsprache. Ich kenne ja am besten diese seine bewundernswürdige Arbeit, weil wir zusammenarbeiteten und ich seine Genauigkeit und Gewissenhaftigkeit erfahren habe.

---

[16] Gleichgesinnter, auf Esperanto samideano; wörtlich: Anhänger der gleichen Idee (gemeint ist die internationale Sprache).

Er durchreiste viele Länder, wo er der Gast von vielen Gleichgesinnten war, aber auch er war der Gastgeber von sehr vielen Esperantisten in seinem Haus, führte sie durch Deutschland oder leistete ihnen andere Dienste. Auch korrespondierte er mit vielen Gleichgesinnten. Letztendlich war er nach all den Jahren mit mehr als 10.000 Esperantisten bekannt geworden. Es ist verständlich, dass bei so einer umfangreichen Bekanntschaft sich eine erbärmliche Person einschieben kann. Insgesamt waren die allermeisten Leute, mit denen Tarnow bekannt wurde, nach seiner Versicherung ehrenhafte und angenehme Leute. Dennoch war unter ihnen einer, den die deutsche geheime Staatspolizei verdächtigte, doch ein Spion zu sein: der Holländer C. van Tartwijk aus Den Haag.

Herr Tarnow lernte ihn auf der Frühjahrsmesse in Leipzig 1933 kennen. Tarnow, gefällig wie er immer gegenüber Esperantisten war, lud ihn ein, ihn zu Hause zu besuchen. Während des Kölner Kongresses trafen Sie sich erneut. Nach einigen Monaten besuchte Tartwick Herrn Tarnow zusammen mit Fräulein Flint, die die bekannte Leiterin der ISO-SEK-Kurse und der Lehrzeitung „Nia Informilo" ist. Sie aßen zu dritt zu Abend und sprachen über Esperanto- und Alltagsangelegenheiten. Also scheint es sehr zweifelhaft, dass Tartwijk Material für Spionageziele haben wollte, auch schon aus dem Grund, dass er nicht drängte, weil zwischen dem Kennenlernen in Leipzig und dieser Konversation 9 Monate vergingen. Vor ihrem Weggang sagte Tartwijk, dass er noch eine Bitte habe: seine Handelsgesellschaft beauftragte ihn, das Hansa Hotel in Düsseldorf zu kaufen, das ganz in der Nähe des Bahnhofs liegt. Verständlicherweise wäre es sehr wichtig für den Kaufpreis dies genau zu wissen, weshalb er ihn fragte, ihm einen zuverlässigen Plan der Neukonstruktion[17] zur Verfügung zu stellen.

Natürlich versprach er für seinen Dienst eine Vergütung. Tarnow war ein bisschen verwundert über diese etwas seltsame Bitte und sagte dieses auch Tartwijk. Obwohl diese Bitte und Beauftragung so einfach waren, dass sie überhaupt nicht als Spionage verdächtigt werden können, unternahm Tarnow nichts in dieser Angelegenheit.

Nach einiger Zeit brachte Fräulein Flint Herrn Tarnow zur Kenntnis, dass Tartwijk plötzlich an einem Schlaganfall in Aachen gestorben war. Die Polizei konfiszierte seine Aktentasche und fand in ihr Material, das sie als verdächtig betrachtete. In ihm fand man eine Visitenkarte von Tarnow, die er Tartwijk in Leipzig gegeben hatte. Weiterhin Notizen über das Gespräch und einen Zettel mit der Notiz: „Tarnow 50 RM", obwohl er keinen Pfennig erhielt, sondern sogar Geld ausgab. Auch Fräulein Flint versichert, dass Tartwijk ihn betrog.

Das waren die Gründe, warum unser Freund am 11. August 1934 durch die deutsche geheime Staatspolizei und bis zum 21. Dezember ins Gefängnis geworfen wurde. Die bedauernswerte Ehefrau sitzt mit 3 kleinen Kindern – 4, 7 und 10 Jahre alt, das vierte, ein Mädchen, ist auf einer Landwirtschaftsschule in Trier – ohne Hilfe und ihr und allen ihren Freunden ist streng verboten etwas für ihren Mann zu tun oder sogar über seinen Gefängnisaufenthalt zu reden, obgleich man auf der anderen Seite Verleumdungen und Lügen über Tarnow verbreitet und dabei die guten Meinungen über ihn vergiftet und seinen guten Ruf zerstört.

---

[17] Zwischen 1932 und 1936 wurde das Empfangsgebäude des Düsseldorfer Hauptbahnhofs neu gebaut.

Das Schicksal unseres Gleichgesinnten ist wirklich eine Beschämung der Kultur für Deutschland. Nach einem mehrmonatigen Gefängnisaufenthalt lässt man ihn frei und nach diesem Zeitraum sucht man vergeblich nach Dokumenten gegen ihn, trotzdem rehabilitiert man ihn nicht und gibt ihm nicht sein Amt zurück, verweigert ihm sogar das Recht und die Möglichkeit sich gegen die Lügen und Verleumdungen zu verteidigen. Man durchsucht sein Büro, seine Wohnung, seine Korrespondenz, die aus 25.000 Stücken besteht, und man findet nichts. Unser unglücklicher Freund ist der Märtyrer des Esperanto. Wir kennen ja die gegen Esperanto gerichteten Dokumente von Deutschland. Wundern wir uns nicht, dass die Esperantisten als verdächtige Personen angesehen werden. So können wir verstehen, dass Tarnow ohne Dokumente fast ein halbes Jahr gefangengenommen wurde und nach anderthalb Jahren noch nicht rehabilitiert worden ist.

Für einen Kulturmenschen ist dies sicherlich befremdlich!

Das bisherige Leben Tarnows weist die unehrenhaften Verleumdungen auf die beredetste Art ab und ich hoffe, dass das Gewissen der Esperantoschaft den deutschen verantwortlichen Personen den Weg zeigen wird, den Weg die Gerechtigkeit und Menschlichkeit wiederzufinden.

Dr. József Takázc

GLEICHGESINNTE, SCHREIBT SOFORT AN DEN STAATSCHEF!!!
ZEITUNGEN, DRUCKT BITTE NACH!!! oder wenn es nicht möglich ist,
BERICHTET ÜBER DIESE KULTURBESCHÄMUNG!!!

Der Adressat dieses Briefes war Ludovic-Rodolphe Pissarro (auch zeitweise „Rodo" als Nachname), Maler und Sohn des Impressionisten Camille Pissarro. Der Poststempel in Paris zeigt das Datum 09.11.1935.

Apendico 4: Artikolo „Paul Tarnow kaj liaj Esperantaj kolektaĵoj"[18]

Antaŭaj rimarkoj, rilate tiujn du lastajn apendicojn

Post la milito dum la 1950aj jaroj artikolo de Hans Wingen: "Publika Esperanto-libraro en Kolonjo", (por historiografika fonto vidu la bibliografion de la dua eseo) trovis reagintan artikolon – tiun-ĉi – el Düsseldorf kaj tiu ankoraŭ reaginta artikolo el Den Haag.[19] Hans Wingen dokumentis ke la restaj (restitaj), ne detruitaj 16 kestoj de la arkivo de Tarnow estis enigita en la universitata biblioteko de Kolonjo.

Ĉi-tiu artikolo dokumentis kion du membroj de la Düsseldorf-a Esperanto-grupo rakontis kion ili sciiĝis de sinjorino H. Tarnow – sinjoro G. Johannes baldaŭ antaŭ la artikolo. Sinjoro W. Ackermann ricevis la informojn dek jarojn antaŭe post la vizito ĉe la vidvino de Paul Tarnow – laŭ lia dateno ĉirkaŭ du semajnojn post lia morto. Li skribis la sciigojn iatempe al lia konato sinjoro Brieger. La sekvanta artikolo de Julia Isbrücker (apendico 5) estis skribita de ŝi el memorigo al eventoj ĉirkaŭ dudek jarojn antaŭe.

S-ANO TARNOW
kaj liaj Esperantaj kolektaĵoj

En EP 12/53 kaj GER 1/54 troviĝis artikolo de H. Wingen: Publika Esperanto-libraro en Kolonjo! En ĝi li tuŝis ankaŭ ĉi-supran aferon. Instigite de la artikolo, s-ano G. Johannes el Düsseldorf vizitis la vidvinon de s-ano Tarnow, por povi doni al GER kiel eble plej detalajn sciigojn. Ni publikigas ilin ĉi-sekve, sen gravaj ŝanĝoj aŭ aliigoj, kaj dankas al s-ano Johannes pro lia meritinda kunlaboro.

Li skribis i. a.: „Prave vi diras, ke Tarnow estis senlaca, oferanta samideano, kies tragika morto estis grava perdo por Esperantujo. Lia edzino rakontis, ke li mortis en Decembro 1944. Lia kolektaro da Esperantaĵoj ampleksis pli ol 80 kestojn 60×60×70 cm grandajn. En la krizaj tagoj ĉirkaŭ la militfino granda parto de la kestoj estis transportata en ŝirmejon (bunkron) proksime de Koblenz a. Rh., kaj tie multaj el ili estis elrabataj de usonaj soldatoj. Kaj la resto? La resto estis sendata, laŭ lia memoro, al bunkro (vinkelo) ĉe Mülheim a. Rh., kie ilin bone gardis la kelogardisto. Pro tio, ke li per forto malpermesis la eniron al vinon serĉantaj soldatoj, ili mortpafis lin kaj, ne trovinte vinon, ili bruligis la kestojn kun la enhavo.

Tarnow havis ankoraŭ pliajn kestojn en sia oficeja ĉambro (provinca administrejo = Landeshaus). Tie la alvenintaj angloj forbruligis parte la al ili suspektajn literaturaĵojn; krome esperantisto el Düsseldorf, kies nomon s-ino Tarnow ne plu memoras, forprenis la por li interesajn librojn. Kiel la fine restintaj 16 kestoj atingis la Kolonjan universitaton, ne povis esti klarigite. Fakto estas, ke s-ano Tarnow iam esprimis la deziron, ke lia vivlaboro estu transdonota al la Kolonja universitato. Li kolektis dum jardekoj kaj elspezis pro amo al Esperanto eble 80 000—100 000 markojn. Antaŭsentante sian baldaŭan morton, Tarnow mem preparis anoncon, kiun s-ino Tarnow transdonis por publikigo al s-ano N. Bartelmes; tiu kvin monatojn post la militfino, venis Düsseldorf'on kaj loĝis kelkajn jarojn en ŝia domo. Cu la anonco (en Heroldo?) aperis, ĉi tie ne estas konate.

Kaj nun mi volas skizi al vi mian memoron pri Tarnow. Mi konis lin de 1926 kiel membron de la grupo Düsseldorf de GEA. Li estis registara konstru-inĝeniero. Niajn kunvenojn li ne povis regule viziti pro ofta profesia vojaĝado. En Septembro 1927, laŭ protokollibro de nia grupo, li faris lumbildparoladon pri Orienta Germanujo kaj la tiam jus okazinta Universala Kongreso en Danzig.

Kiel mi jam menciis, s-ano Tarnow elspezis multe da mono por nia movado. Li kolektis ĉiujn ajn akir-eblajn eldonitaĵojn en Esperanto, kaj lia kolekto sendube estis pli ampleksa ol la antaŭe fama Biblioteko de Davidov en Saratov.

Iam, jam dum la Hitlera epoko, li ne plu vizitis niajn kunvenojn. Li estis arestita de Gestapo. Kial? Iu nederlanda samideano subite mortis en germana vagonaro. La polico trovis ĉe li vizitkarton de Tarnow; do suspekto, ke li konspiras kun eksterlandanoj; sekve aresto. Post penplenaj klopodoj de iu lia konato oni liberigis lin post ses monatoj, kaj li ree vizitis nian klubejon. Sed kiel ni miris pri lia aspekto! Ma'grasiĝinta homo revenis, kiu timis paroli kun ni. Lia superulo malpermesis al li la laboradon en la oficejo. Du jarojn li devis resti en sia loĝejo, nenion farante; eĉ konatoj ne povis viziti lin. Tiun vivon li ne plu povis elteni. Kviete li forlasis la mondon . . ."

Jen tio, kion komunikis s-ano Johannes. Pri Tarnow oni povas ankaŭ legi en „Enciklopedio de Esperanto", paĝo 537. Johannes kunsendis 14 fotografaĵojn el la Tarnovaj kolektoj. Kvankam ili estas 16×15 cm grandaj, pro la eteco de la surfotografaj objektoj oni devas ilin rigardi per lupeo. Ni publikigas unu, kiu eble trovas specialan intereson.

*

De alia Düsseldorf-ano, s-ano W. Ackermann, ni eksciis pliajn detalojn pri la morto de s-ano Tarnow. Ni legu, kion Ackermann skribis en letero al formigrinta s-ano L. Brieger en Rio de Janeiro:

„. . . Rilate la morton de k-do Tarnow mi povas sciigi jenon: En Julio 1944 li estis en Bonn pro ofica afero. Sidante tie sur benko li ek-

---

[18] El: „Germana Esperanto Revuo", majo 1955, p. 66.

[19] La sorto de Paul Tarnow, Julia Isbrücker, el: „La Praktiko", de julio-aŭgusto 1955, p. 110/111

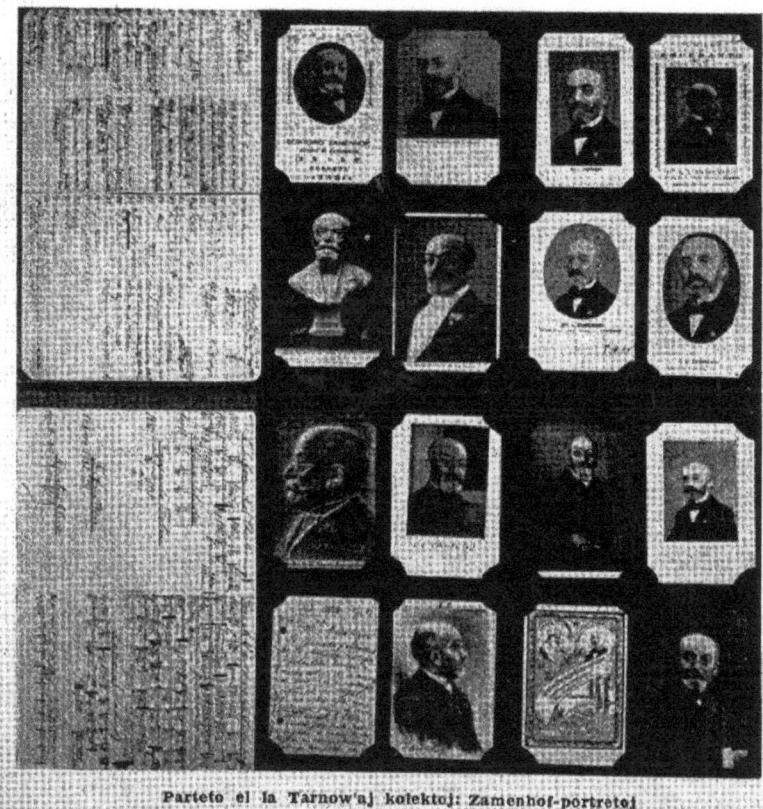

havis apopleksion. Oni transportis lin en malsanulejon, kaj li resan-iĝetis post mallonga tempo. Kelkajn monatojn poste li travivis la samon en necesejo de sia oficejo (Landes-haus). Senhelpe li restis tie kuŝanta longan tempon. Oni ja tute ne intencis helpi lin, ĉar amikojn li preskaŭ ne plu havis en la oficejo pro sia starpunkto internacia. La „Nazis" eĉ ĝojis, ke tia homo fine mortaĉas. Post kiam oni fine sciiĝis s-inon Tarnow, ĝi tuj aranĝis hejm-transporton de la malsanulo. Grave malsana, li nun estis katenita al la lito, kaj kion tio signifas dum aeratakoj, vi eble ne povas imagi. Dum la tuta familio restadis en kelo, li estis tute forlasita kaj bomboj eksplodis ĉirkaŭ lia domo. Kelkfoje s-ino Tarnow restis dum aeratakoj ĉe sia edzo, sed pro tio ŝi ne povis tion elteni. Kiam la sanstato de k-do Tarnow iom pli-boniĝis, li ankaŭ iris kelen dum aeralarmo. Unufoje li ankaŭ intencis keleniri, sed la bedaŭrindulo falis malsupren sur la ŝtuparo, batante la teron per la kapo.

En Oktobro aŭ Novembro — mi ne plu scias — mi vizitis lin last-foje. Je la fino de Decembro mi aŭdis, ke li estas mortinta. Tuj mi vizitis s-inon Tarnow, kaj mi sciiĝis, ke li jam mortis la 13-an de Decem-bro. S-ino Tarnow diris, ke ŝi volonte estus sciiginta liajn amik-ojn, precipe la esperantistojn, sed ŝi ne povis trovi la koncernajn adresojn. Mi tre bedaŭras lian morton, li estis bona kamarado.

Parteto el la Tarnow'aj kolektoj: Zamenhof-portretoj

66

Komentado de la artikolo

Sinjoro Johannes je la komenco redonis kion li sciiĝis de s-ino Hanna Tarnow pri la parta malapero de la arkivo de ŝia edzo. Malgraŭ s-ro Johannes kolportis la rimarkon de ŝi ke estas dirita „laŭ ŝia memoro" li povis raporti multajn cirkonstancojn de la detruo de kestoj en Mülheim ĉe Kolonjo kaj la motivojn de la partoprenantoj. Pri la tempo post la rehabilito li ne rakontis ion, nur: „Tian vivon li ne povis plu elteni. Kviete li forlasis la mondon." Pri la klopodoj kaj esperoj en tiuj naŭ jaroj li ne povis aŭ volis raporti ion.

Sinjoro Ackermann raportis pri la tempo kaj malfacilaĵojn post la apopleksio de Paul Tarnow. Pri la jaro de la ekmalsaniĝo (1944 anstataŭ 1943) li eraris. Fine li esprimis lian personan simpation kun Paul Tarnow („bona kamerado").

Apendico 5: Artikolo „La sorto de Paul Tarnow" de Julia Isbrücker[20]

LA SORTO DE PAUL TARNOW

Meritplena germana esperantisto dum la milito fariĝis
senkulpe viktimo de spionado..

En la maja numero de la Germana Esperanto-Revuo mi legis kun granda interesiĝo kaj bedaŭro pri la tragedia morto de nia samideano *Tarnow* en 1944. Eble la legantoj interesiĝos pri pliaj detaloj pri la enkarcerigo kaj liberigo de s-ro Tarnow.

En la jaro 1935, eble 1934, mi forgesis la ĝustan daton, mi ricevis de iu amiko de s-ro Tarnow leteron, en kiu li skribis, ke nia bona samideano estas arestita, perdis sian oficon kaj devis lasi sian familion en granda angoro. Enmetita en tiun leteron estis malgranda slipeto, deŝirita peceto de rando de ĵurnalo, sur kiu s-ro Tarnow mem skribis: „Helpu min!". Mi bone konis s-ron Tarnow kiel partopreninton de la 12-a Universala Esperanto-Kongreso en Hago en 1920. Mi estis tre ŝokita, kaj petis pliajn informojn. Kelkajn semajnojn poste mi ricevis de la sama aŭ alia amiko de s-ro Tarnow la dez200tajn detalojn.

Evidentiĝis, ke la Gestapo arestis s-ron Tarnow, kiu estis tute senkulpa, pro perfido de nederlanda spiono. (La nomo de la spiono estis menciita, sed pro la fakto, ke lia vidvino ankoraŭ vivas, mi ne publikigos ĝin kaj nomos lin s-ro K.) La letero sciigis, ke iu s-ro K. vizitis s-ron Tarnow kiel samideano, eĉ transdonante miajn salutojn. Koninte s-ron Tarnow, ĉiu komprenas, ke li kore akceptis la nederlandan samideanon, kiu efektive flue parolis Esperanton. Mi volas ĉi tie aldoni, ke mi tute ne konis s-ron K., eĉ lian nomon ne, ĉar neniam li montris sin en la esperantista klubo en Hago.

S-ro K. rakontis, ke li estas reprezentanto de nederlanda firmo, kiu intencas konstrui novan fabrikon apud la stacidomo de *Düsseldorf*, la loĝloko de s-ro Tarnow. Li daŭrigis, dirante, ke lia firmo komisiis lin ekzameni la eblecojn kaj porti planon de la urbo, precipe de la stacidomo. Kaj ĉar li mem ne konis la urbon, li petis s-ron Tarnow aĉeti tian planon. Kompreneble s-ro Tarnow plezure klopodis plenumi lian peton kaj serĉis tian planon en diversaj butikoj, sed....... kompreneble ne trovis ĝin, ĉar certe en tiu tempo oni ne vendis planojn de la stacidomo. Do s-ro K. devis foriri sen la dezirita plano.

Dum sia revojaĝo s-ro K. mortigis sin ĉu en la vagonaro, ĉu ie en Germanujo, verŝajne pro tio, ke li rimarkis, ke oni persekutas lin. (Tiun detalon mi aŭdis per letero el Germanujo poste.) Traserĉante lian vestaĵon, la polico trovis en libreto noton, ke li donis al s-ro Tarnow la sumon de 100 markoj. Ĉar la adreso estis ankaŭ tie, la Gestapo tuj arestis nian amikon, kiu pro sia samideana helpo tute senkulpe devis multe suferi. Mi ne bezonas aldoni, ke s-ro Tarnow ricevis neniam eĉ unu pfenigon.

Sed kion mi povus fari en tiu afero? De tempo al tempo mi ricevis en leteroj egalajn slipetojn, skribitajn de s-ro Tarnow kaj elsmuglitajn el la malliberejo. La tuta afero tre premis min kaj mi decidis iri al

---

[20] ibidem

la ambasadorejo germana en Hago por klarigi la aferon. Tio estas mallonga historio! Post longa atendado mi fine povis paroli kun iu el la oficistoj tie, sed post kelkaj vortoj li tuj interrompis min en kolera tono, dirante, ke mi ne havas ian rajton enmiksiĝi en germanajn aferojn! Mi baldaŭ estis sur la strato denove! Sed mi riskis duan provon. Mi vizitis la policestron en Hago, kiu afable akceptis min. Post miaj klarigoj li tre serioze avertis min ne okupi min pri tiu afero.

— Vi absolute nenion povos entrepreni en tia afero, nur endanĝerigi vin mem, sen rezultato por s-ro Tarnow!

Tiel staris la afero, kiam mi vizitis la Universalan Esperanto-Kongreson en Romo en 1935. Apenaŭ mi estis en la kongresejo, kaj jam iu preterpasanta samideano premis paperaĉon en mian manon, nenion dirante, kaj mi legis la vortojn de s-ro Tarnow: „Kial vi ne helpas min?"

La afero ne lasis min trankvila kaj mi cerbumis, kion fari. Fine mi ekhavis ideon. En la kadro de tiu kongreso okazis speciala kunveno de virinoj kaj mi devis prezidi ĝin. Post la pritrakto de la tagordo mi petis ilin resti por kelkaj momentoj kaj mi klarigis la kazon de nia komuna samideano s-ro Tarnow. Jam antaŭe mi skribis en la sekretariejo leteron al *Hitler* en germana lingvo kun la sekvanta enhavo:

Al s-ro regna kanceliero Adolf Hitler,
Berlino.
Ni eksciis, ke S-ro Tarnow (sekvis lia plena adreso) estas arestita kaj troviĝas nun en malliberejo. Ni povas certigi vin, ke s-ro Tarnow estas lojala kaj bona germano. Ĉu vi bonvolas ekzamenigi lian aferon? Kun antaŭdanko,
altestime,
Julia Isbrücker,
Den Haag, Nederlando.

Mi kunportis duan folion kaj petis la ĉeestantajn virinojn subskribi ĝin kaj meti plenajn nomojn kaj la landon, al kiuj ili apartenas. Mi diris, ke mi estas konvinkita, ke tio tute ne helpos, kaj efektive mi havis nenian esperon je tio, sed nenian klopodon mi volis preterlasi. Ĉiuj plenkonsente subskribis kaj metinte mian leteron kun la alia folio en koverton, mi forsendis ĝin.

Kiu povas priskribi mian surprizon, kiam mi post kelkaj monatoj, sidante en la konversacia salono de la Esperanto-Domo en Arnhem, vidis alveni sur la alvetura aleo s-ron Tarnow kun knabeto, lia fileto. Mia unua sento estis ĝojo, sed la dua timo, ke li riskis veni al Nederlando, kaj per tio doni la ŝajnon, ke li havas rilatojn tie. Tamen mi ĝoje malfermis la pordon kaj mia unua demando estis:

— Kial vi riskis tion?!

Lia respondo estis:

— Mi povas resti nur dum unu horo; frumatene mi kaj mia filo enŝipiĝis en Düsseldorf kaj la ŝipo reveturos post du horoj, sed mi volis persone danki vin pro mia liberiĝo.

Li rakontis, ke iu venis en lian ĉelon kaj montris al li foton de mia letero. La sola demando estis: „Ĉu vi konas tiun virinon?", kion li kompreneble jesis. Kaj post kelkaj tagoj oni liberigis lin kaj li rehavis sian oficon. Oni komprenas, ke ne nur li, sed ankaŭ mi estis tre feliĉa pro tio. Nur tre bedaŭrinde, ke laŭ la artikolo en Germana Esperanto-Revuo li tamen perdis la fidon de siaj kolegoj kaj li havis malagrablan vivon. La okazintaĵo instruis denove al mi, ke oni devas ĉiam ĉion provi, eĉ kiam oni ne havas esperon sukcesi.

Per la artikolo pri s-ro Tarnow en la nomita gazeto ne nur la germanaj esperantistoj prave donis honoron al liaj senlacaj laboroj por Esperanto, sed la tuta esperantistaro povas ekkoni veran, sindonan kaj fidelan samideanon!

Julia Isbrücker

Komentado de la artikolo

Sinjorino Isbrücker raportis detale siajn provojn helpi sinjoron Tarnow same kun la sukcesa rezulto. Komence ŝi menciis leteron de iu amiko de Paul Tarnow, post kiu ŝiaj klopodoj komencis. Laŭ la enhavo – priskribita sur la unua paĝo la artikolo – tiu povas esti la rondletero de s-ro Josef Tacaszk. Sed tiu estis skribita post lia liberigo fine de 1934, en 1935: Iu letero kiel reago al la rondletero ne povis gvidi al lia liberigo, ĉar li jam estis libera.

Por la kazo, ke povus estis alia letero, iu, kiu eble estis skribata en 1934: (Teorie tio povas esti, ĉar en Nederlando oni baldaŭ post la arestado de Paul Tarnow devintus rimarki tiun, ĉar estis nederlandanoj kiuj estis ankaŭ implektintaj en la afero.)

Sed tiam la rakonto pri la liberigo per la antaŭa letero al regna ĉanceliero de Germanio ne povis estis vera: Se tio okazis dum la UK en Rom 1935 – „en la sekretariejo" de la kongreso – liberigo en decembro ne povis okazi, ĉar s-ro Tarnow jam estis libera. Kaj se ŝi eraris kaj ĉio okazis dum la UK en Stockholm 1934 tio ne povis kaŭzi la liberigon, ĉar li estis arestita je la tago kiam la kongreso estis finita, la 11-an de aŭgusto 1934.

Tio ne signifas ke ŝi nenion klopodis, sed ne kun la rezulto, kion ŝi postulis: ke estas ŝia merito ke Paul Tarnow estis liberigata la 21-an de decembro 1934.

Sed ĉiu klopodo estintus laŭdinda.

Se la admono de d-ro Takázc „… ni devas tiamaniere helpi al nia samideano … kaj precipe la holandaj samideanoj havas tiun ĉi devon!!!" gvidis al tiu ŝia deklaracio, oni devas konstati, ke la riproĉo de spionado tute ne estis tenebla. La vera kaŭzo de la okazoj estis la ideologiaj antaŭjuĝoj en la nazia ŝtato kontraŭ esperantistoj. Tiuj gvidis al la arestado de Paul Tarnow per la Gestapo sen objektivaj kialoj.